에버랜드보다 높이 난 시골축제의 기적

함평 나비혁명

에버랜드보다 높이 난 시골축제의 기적

함평 나비혁명

이재광 · 송준 지음

페이퍼로드
paperroad

3무(無) 함평은 어떻게 세계의 함평이 되었나

이석형 함평군수를 처음 만난 것은 2005년 10월 31일이었다. 당시 나는 중앙일보 이코노미스트의 전문기자로 'CEO 단체장을 찾아서' 라는 시리즈 기사를 쓰고 있었다. 이 군수는 내가 모셨던 두 번째 '손님' 이었다.

내 기억으로 당시 그는, 매우 바쁜 와중에 예상치 못한 일을 맞아 곤혹스러운 상황이었다. 함평의 가을축제인 '대한민국 국향대전' 준비에 정신이 없었는데, 얼마 전 함평군이 구입한 폴크스바겐의 딱정벌레차 뉴비틀이 예산낭비라는 비판적 기사가 나온 것이었다.

자연스럽게 얘기는 왜 그가 뉴비틀을 샀는지에 대한 것에서 시작됐다. 들어보니 이 군수의 동기는 설득력이 있었다. "홍보 때문"이라는 얘기였다. 아닌 게 아니라 뉴비틀의 바탕을 빨간색으로 칠한 뒤 군데군데 검은 점을 입히고 흰색으로 '2008 함평세계나비·곤충엑스포' 라는 글귀를 써넣으니 영락없는 광고판이었다. 그것도 아주 홍보 효과가 높은.

2005년 11월 15일자로 발간된 이코노미스트의 내 기사 주제는 '홍보 위해 뛰는 군수' 가 되었다. '예산낭비' 보다는 홍보를 위해 온갖 아이디어를 짜내 열심히 일하는 CEO 단체장의 이미지를 부각시킨 것이다.

내가 이른바 '지역' 에 관심을 가졌던 것은 2003년으로 기억된다. TF 팀장으로 '지역의 미래를 이끌 차세대 리더' 선정 과정에 참여하면서부터였다. 이 행사는 지역이 중요하니 젊은 리더를 뽑아 사기를 올려주자는 취지로 행해졌다. 이후 나는 지역 문제에 관심을 집중했다. 많은 단체장을 만나 인터뷰하며 지역발전에 대한 그들의 생각을 듣고 독자에게 그 지역의 발전상을 전했다.

이 군수를 만나기 전 나는 이미 10여 명의 단체장을 만났고 이 군수를 만난 이후에는 그 이전보다 더 많은 단체장을 만났다. 그럼에도 왜 나는 유독 함평과 이 군수에게 더 많은 관심을 갖게 됐던 것일까? 아마 아무 것도 내세울 게 없었던 함평군의 발전과 그것을 이끈 이 군수, 그리고 함평군 공무원 및 주민들의 노력이 너무나 인상적이었기 때문이었을 것이다.

함평은 결국 내게 그 어느 지역보다 중요한 '연구 대상'으로 다가왔다. 조금은 건방진 얘기 같지만, 함평의 성공은 더 깊이 연구해야 하고, 그래서 더 많은 사람에게 알려야 하며, 다른 지자체가 쉽게 배울 수 있도록 체계적으로 정리해야 한다는, 일종의 '소명감' 같은 것까지 느끼게 됐다.

이후 2년 동안 나는 수차례 더 함평을 찾았다. 취재를 위해 이 군수를 또 만났고 수십 명의 공무원과 주민을 만나 많은 얘기를 들었다. 물론 몇 박스는 족히 될 만한 자료도 들고 왔다. 이 중 많은 내용은 기사로 독자에게 전해졌으며 또 어떤 내용은 내 박사논문을 쓰기 위한 자료로 활용됐다. 자신컨대 나는 함평군의 나비축제 관련 자료를, 함평군을 빼고, 국내에서 가장 많이 확보한 연구자일 것이다.

2년 동안의 내 노력은 2007년 여름, 빛을 봤다. 두 번째 박사논문인 『거버넌스, 정책 마케팅, 정책 PR의 관계: 지역개발 정책에 대한 적용 가능성 탐색』(경희대 행정학)이 출간된 것이다. 내가 박사논문을 들고 이 군수를 찾아 간 것은 2007년 9월경이었다. 내가 "함평을 사례로 박사논문을 썼다"며 논문을 전해줬을 때 이 군수가 했던 말과 표정은 아직 생생한 기억으로 남아있다. 꼼꼼하게 논문을 보던 그는 껄껄 웃으며 "그래 이제 함평이 박사논문감이 되기는 되지"라고 말했다. 함평나비축제에 대한 자신감을 보였던 것이다.

이후 나는 내친 김에 회사에 '지역연구센터'를 만들자고 제안했고 회사는 고맙게도 이 제안을 흔쾌히 받아들여줬다. '중앙일보 이코노미스트 지역연구센터(JERRC)'는 그렇게 해서 태어난 것이다. 함평나비축제의 성공요인에 대한 논문집을 낸 뒤 나는 이 지역연구센터의 두 번째 작품을 뭘로 할까 고민하다 바로 이 책『함평 나비혁명』을 내기로 결정했다. 이로써 지역연구센터는 함평나비축제에 대한 학자 · 전문가를 위한 논문집과 대중을 위한 대중서 모두를 발간하는 셈이 됐다.

함평나비축제는 이제 국내 정상의 자리를 꿰찼다. 그 누구도 이 축제가 대한민국을 대표하는 축제라는 말을 부정하기 어렵다. 또한 이 축제는 '축제'와 '엑스포'를 거쳐 지금도 진화중이다. 미래의 이 축제는 어디로 가야 하는 것일까? 또 함평이 일궈낸 기적 같은 성공으로 우리는 무엇을 해야 하는 것일까? 이 책을 쓰게 된 진정한 동기는 바로 여기에 있다. 함평나비축제가 끊임없는 진화의 길을 거쳐 마침내 세계 지역 축제의 중심에 우뚝 서기 위해서는 무엇이 필요한지 그 방향을 잡아보자는 취지였다. 아울러 함평의 길을 뒤따를 수많은 지자체들에게 앞선 고민과 실천의 결과물을 선사해줄 수도 있을 것으로 판단했다. 그러기 위해서는 함평나비축제의 시작을 알아야 하고, 지난 10년의 역사를 정리해야 하며, 그리고 다른 나라의 사례도 주의 깊게 살펴봐야 할 것이다. 이 과정을 통한다면 함평나비축제의 '미래'와 '배울 점'에 대한 '감'을 잡을 수 있을 것으로 봤다.

또한 필자는 이 함평나비축제의 미래에 대한 인식을 대중과 공유해야 한다고 생각했다. 이 축제는 사실상 대중이 만들어준 것이나 다름없다. 대중이 관심을 갖고 대중의 사랑을 받고 대중이 시간과 돈을 써 자기발로 찾아와야 축제가 성공할 수 있는 것이다. 그런 면에서 함평군민의 노력은 결국 '대중의 관심 끌기'에 집중해 있다고 말 할 수 있을 것이다. 지역연구센터의 첫 번째 작품인 논문집은 바로 이 부분에서 부족했다.

이 책은 두 부분으로 나눠져 있다. 1부는 '이야기(story)' 부분으로 송 작가가 시나리오 작가로서의 경력을 십분 활용해 함평나비축제가 일궜던 지난 10년의 스토리를 아주 재미나게 풀어가고 있다. 이 군수의 어린 시절 이야기나 함평 공무원들의 뒷얘기들은 어디서고 찾아보기 어려운 흥미로운 내용들이다.

2부는 '분석(analysis)' 부분으로 필자가 쓴 것이다. 2008년 함평 세계나비·곤충엑스포의 성공을 비롯해 엑스포 이후의 함평이 가야 할 내용도 담겨 있지만, 보다 중요한 것은 지난 10년 동안 함평나비축제가 어떤 과정을 거쳐 성공했는지 그 성공 요인을 분석하는 데 초점을 맞추고 있다. 이런 측면에서 이 부분은 책과 함께 출간된 논문집 『함평나비축제의 성공 요인 연구』와 맥을 같이 한다. 그러나 동일한 분석틀을 사용한 것은 없다는 점, 그리고 대중을 상대로 한 만큼 글을 쉽게 썼다는 점 등에서 차이가 있다.

이 책을 내며 많은 분께 감사드려야 할 것이다. 누구보다 이석형 함평군수를 비롯한 군청 공무원과 주민께 감사드린다. 그분들은 이 책을 쓸 수 있는 소재를 만들어 줬을 뿐 아니라 이 책을 쓰기 위한 취재와 자료 수집에 적극적으로 나서 주셨다. 그분들의 참여가 없었다면 당연히 이 책은 나올 수 없었을 것이다.

중앙일보 시사미디어의 김진용 대표와 월간중앙·이코노미스트의 김광수 대표께도 감사드린다. 연구센터 설립을 흔쾌히 허락해 주셨을 뿐 아니라 연구센터가 수행하는 다양한 연구를 적극 격려해 주셨다. 두 분 대표의 지원이 없었다면 이 책은 물론 연구센터조차 출범하지 못했을 것이다.

또한 윤길주 이코노미스트 편집장과 그 휘하 여러 후배 기자들께도 감사의 말씀을 전한다. 늘 따뜻한 마음으로 연구센터의 활동을 지켜봐 주었고 연구센터의 활동과 관련된 어떤 궂은 부탁도 거절한 적이 없었다. 황필선·임연주 두 분 연구원 역시 이 책을 내며 꼭 감사드려야 할 분들이다. 두 분 연구원은 손이 많이 가는 온갖 일도 마다 않고 이 책의 편집과 자료수집, 교열에 애를 써 주셨다.

마지막으로 책 출간을 주저 없이 맡아준 도서출판 페이퍼로드 식구들, 바쁘신 와중에도 이 책의 공동필자로 적극 나서 주신 송준 작가께도 이 자리를 빌려 감사의 마음을 전한다.

이재광
중앙일보 이코노미스트 전문기자·지역연구센터 소장

5만5,000 대 6만700, 나비의 기적

'6만700' 의 의미

5만5,000 대 6만700. 나비축제와 엑스포가 한창인 2008년 5월 6일 전라남도 함평군을 찾았을 때 군 관계자들이 자랑스럽게 내놓은 수치다. 5월 5일 어린이날, 엑스포장 방문객이 6만700명으로 국내 최고 테마파크 에버랜드 방문객 5만5,000명을 눌렀다는 것이다. 대단한 일이 아닐 수 없다.

에버랜드는 일반적으로 어린이날 가장 많은 관광객이 찾아 가는 곳으로 알려져 있다. 그런데 2008년 어린이날에는 함평 엑스포장에 더 많은 관광객이 왔다. 객관적인 자료가 제시되지는 않았지만, 이날 함평 엑스포장에는 전국 최대 인파가 모였다고 볼 수 있는 것이다. 개최 10년을 맞이한 함평군 나비축제는 바야흐로 대한민국의 축제든 테마파크든 그 정점에 선 것이었다.

실제로 둘러본 함평 곳곳은 인산인해였다. 면적 393㎢에 불과한 비좁은 시골 도시 함평에 사람이 쌓은 산과 사람의 물결이 가득 넘실대고 있었다. 그 산을 넘고 그 물결을 건너며 보니 난 뭔가를 중얼거리고 있었다. "대단하긴 대단하구나."

함평의 나비축제가 유명세를 탄 뒤 몇 차례인가 이곳을 방문한 적이 있었다. 기자로서, 지역문제에 관심을 쏟는 연구자로서 당연한 일이었다. 이름 없고, 가진 것 없는 촌구석의 도시 하나가 욱일승천의 기세로 대한민국의 지역사를 다시 쓰고 있는 마당에 엉덩

이가 들썩거리지 않을 수
없었다. 그러나 기자, 연
구자의 입장을 떠나 인간
적으로도 그러했다. 대한
민국 사람이라면 누구나
안다. 지방 소도시라는 곳
이 얼마나 켜켜이 쌓인
'낙후'와 '소외'의 한을
지니고 있는지. 관료주의
에 물든 공무원들이 얼마
나 무겁고 텁텁한 공기를
만들어내고 있는지를 말
이다.

철쭉꽃 나비동산을 배경으로 달리고 있는 유람열차.

2008 함평세계나비·곤충엑스포장 입구에 세워진 상징물.

　그런데 6만700이라고 했다. 대한민국 최대의 방문객이 일거에
소도시를 점령했다고 한다. 이 기적을 일군 사람들이 다름 아닌 소
도시의 공무원들이라고도 했다. 나비 축제의 초기, 함평에서 축제
가 열린다는 단신을 접하고서 어떤 생각을 떠올렸던가. "함평?" 그
러고는 그만이었다. 과문한 탓인지는 몰라도 '함평'과 관련해서 개
인사적이든, 사회사적이든 얽혀 있는 것이 거의 없다고 해도 좋을
정도였기 때문이다. 또한 그것은 함평이 세상에 주는 임팩트가 그
만큼 부족했다는 뜻이기도 하다.

　그러므로 '6만700'이라는 수치는 단지 십진수의 조합 중 '크다'
는 느낌만으로 설명할 수 없었다. 흥과 환희, 역동과 희망이 교차
하는 2008년의 함평은 1990년대 말의 함평과는 전혀 다른 곳이었
다. 혹 격세지감이란 이런 때를 예비해 고이 보관해 둔 낱말은 아

함평세계나비 · 곤충엑스포장의 전경이 펼쳐져 있다.

닐까?

그랬다. 나비축제 10년. 10년 전과 달리 2008년의 함평은 더 이상 전라남도 한 귀퉁이에 있는 이름 모를 농촌이 아니었다. '국내 최고'의 테마파크를 꺾고 새롭게 관광의 시장에 우뚝 선 강자였다. 인산인해의 모습을 본 이석형 군수나 함평군 공무원, 주민들은 무슨 생각을 하고 있을까. 지난 10년 동안 있었던 모든 노력의 대가를 얻었다고 잔잔하게 미소 짓고 있지 않을까.

기적을 만든 주역들

엑스포장의 규모는 대단했다. 75만㎡의 부지에 들어선 다양한 시설들. 일단 나비와 곤충관련 시설이 눈길을 끌었다. 나비관에서는 국내 15종의 나비 33만 마리를, 국제곤충관에는 국내외 곤충 40여 종 3만4,000마리를 키우고 있다. 황금박쥐 테마관에는 순금 162kg으로 만든 황금박쥐 조형물과 생태학습관이, 나비 · 곤충표본전시관에는 국내 최대 규모의 나비와 곤충 표본이 전시돼 있다. 그밖에 3D 영상을 보여주는 전시영상관, 친환경 농산물을 재배 · 전시 · 체

엑스포장의 곤충 상징물.

험할 수 있는 친환경 농업관이 주요 시설로 마련돼 있었다.

　1999년 1회 축제 때는 비닐하우스로 만든 나비부화장 660㎡를 포함해 16만㎡ 규모에서 행사가 치러졌다. 10회 축제 및 엑스포장 규모는 무려 75만㎡. 5배 가까이 차이가 난다. 투입자금 면에서도 마찬가지다. 이번 축제·엑스포에 투입된 자금은 1회 때 2억5,000만 원의 150배에 달하는 350억 원에 이른다. 행사 기간도 대폭 늘었다. 짧게는 5일, 길어야 10일이었던 게 10회때는 4월 17일부터 6월 1일로 한 달 반 동안 진행되고 있다.

　거대한 발전의 역사. 그러나 그 속에서 바퀴를 돌린 숨은 주역들을 빼놓고 그 역사가 설명될 수 없다. 나는 행사장 곳곳을 다니며 그 주인공들을 찾았다. 제일 먼저 첫 회 축제 때부터 큰 공을 세웠던 장민섭 계장이 눈에 띄었다. 2005년 함평군 공보담당 계장으로 처음 만났던 그는 전시영상관에서 분주하게 일손을 놀리고 있었다. 1층 영상관에서 나비를 주제로 한 3D 애니메이션을 방영해 주는 이 전시장 3층에는 엑스포 조직위원회 사무실이 있다. 이 건물은 이를테면 엑스포장 전체를 통제하는 컨트롤 타워였던 셈이다.

장 계장은 함박웃음을 지으며 말했다.

"대박이에요, 대박."

나비축제 초창기 총 기획자이자 엑스포조직위원회 기획부장으로 일하는 이철행씨의 얼굴에서도 웃음꽃은 떠나지 않았다. 악수를 나누며 은근슬쩍 묻는 질문에 힘 있는 대답이 돌아왔다.

"어제 에버랜드보다 입장객이 더 많았다면서요?"

"그랬어요. 우리에게도 의외였습니다. 용기백배해서 더 열심히 일하라는 의미로 받아들이고 있습니다."

"10년 전 1회 축제 때 오늘 같은 날이 있을 것으로 기대하셨나요?"

"아니죠. 처음에는 꿈도 못 꿨죠. 어떻게든 축제만 잘 치러보자, 그런 마음이었어요. 솔직히 1회 때는 준비도 제대로 못했잖아요. 그런데 축제 첫 날 정말 함평이 미어터진 거예요. 그때 '야, 이건 되는 거구나' 생각을 했지요. 지난 10년 동안 정말 신나고 바쁘게 일했습니다."

"엑스포가 성공할 것으로 예상은 하셨나요?"

"일찌감치 예상이 됐었지요. 전국 각지에서 3월 말까지 예매한 티켓이 72만 장이나 됐거든요. 함평 나비축제의 브랜드 파워를 절감했습니다."

그처럼 그들은 자신감으로 똘똘 뭉쳐 있었다. 그 자신감 하나로 허허벌판이나 다름없던 함평에 기적의 반석을 놓고 주춧돌을 세워 나갔다. 물론 그들의 넉넉한 웃음 뒤에는 쉽사리 설명될 수 없는 애환과 노고가 있다. 그것을 꿀꺽 삼켜 더욱 뜨거운 에너지로 승화시킨 것이 그들이었다. 자원도, 내세울 것도 없는 완벽한 무(無)의 환경에서 세계적으로도 유례가 없는 기적을 일구어낸 건 그렇게였다. 무엇이 그들을 이 길로 이끌었던 것일까? 무엇이 기적을 만들었을까? 무엇이 함평의 공무원들을 저토록 자신만만하게 해 줬을까? 기자 생활 20년. 나는 이런 공무원들을 본 적이 없었다.

나비 33만 마리가 키워지고 있는 나비생태관.

　이 책의 시작은 바로 이 '공무원의 비밀'에서 시작한다.

1부
나비의 꿈, 현실이 되다
– 시골 엑스포, 그 기적의 드라마
Dreams come true

3무(無) 함평의 역설?

생태습지를 마주보는 수산봉 전경. 기로등 왼편 이래로 생태습지가 초수처럼 펼쳐져 있다.

황홀한 나비 꿈

꿈결 같은 45일이었다. 꿈결 같은 10년이었다. 축제마당을 가득 메웠던 인산인해의 물결이 낙조를 따라 썰물처럼 사라진 뒤에도 이석형 군수는 쉽사리 발길을 옮기지 못했다. 화양근린공원의 언덕 위 벤치에서 이 군수는 수산봉 아래 호수처럼 펼쳐진 생태습지의 물자락 위로 희번덕거리는 까치놀을 오래도록 바라다보았다. 서녘에서 밀려드는 검붉은 노을빛이 물빛마저 자줏빛으로 붉게 물들이고 있었다. 까치놀의 금적색 물빛을 시샘하듯 수십만 평 드넓은 생태습지 기슭에 흐드러지게 피어난 수천만 송이 양귀비의 핏

함평천 수변공원과 엑스포 행사장.

빛 꽃물결도 잔잔한 바람에 일렁이며 장관을 이루고 있었다. 습지 너머 펼쳐진 1,000만 평의 평야는 웃자란 자운영의 반쯤 지고 남은 연보라 꽃빛이 밀려드는 노을빛과 뒤섞이며 꿈결처럼 자욱한 어둠으로 녹아들고 있었다.

　나비의 꿈은 황홀했다. 10년이면 강산도 변한다 했거늘, 함평에서는 무슨 일이 있었던가. 무엇이 변했던가. 어느날 나비가 상상 속으로 날아들었다. 아니 현실 속으로 날아들었다. 문득 날아든 나비로 인해 모든 것이 바뀌었다. 나비는 이석형 군수의 인생을 바꿔놓았고, 함평의 역사를 바꿔놓았다. 함평 사람들의 표정을 바꿔놓았다. 나비축제를 일군 사람들은 나비축제와 함께 나이를 먹었다. 누구는 나비와 함께 아버지, 어머니가 되었고, 누구는 나비와 함께 할아버지, 할머니가 되었다. 나비와 함께 꿈을 꾸었고, 나비와 함께 날개를 펼쳤고, 어느덧 나비를 닮아 있었다. 시나브로 10년 나비축제의 그림 같은 페이지들이 차례차례 주마등처럼 환하게 밝았다가 잦아들었다.

　추억을 되새기는 듯 너른 함평들을 바라보는 이석형 군수의 등 뒤로 어느새 어둠이 밀려들었다. 화양공원 아래쪽 나비엑스포 축제장 주위로 뻗은 가로세로 길을 따라 하나둘씩 가로등에 불이 들어오기 시작했다. 지금 차례차례 줄지어 불빛으로 떠오르는 저 넓은 포장도로들도 나비와 함께 만든 길이었다. 나비가 아니었으면 저 도로는 여전히 논이었을까, 밭이었을까, 수렁이었을까.

　그랬다. 애초에 길은 없었다. 처음부터 길인 길은 없었다. 어차피 없는 길 위에 찍은 발자국들이 모이고 모여서 새 길을 열지 않던가. 길 없는 길 위에서 길을 열어야 했다. 길 없는 길 위에서 스스로 이정표가 되어야 했다. 스스로 확신이 되어야 했다. 그러나 어찌해야 스스로 이정표가 될 수 있단 말인가. 어찌해야 스스로 확신이 될 수 있단 말인가. 나아가는 모퉁이마다 온갖 불안과 회의가 안개처럼 피어오르곤 했었다. 바위 같은 확신이 절로 찾아와 길을 열어준 적은 없었다. 길은 늘 불안의 안개 속으로 뻗어 있었다. 그 미명의 허방에 길이 숨어 있었다. 기꺼이 안개 속으로 몸을 던질 때 길은 조금씩 그 아스라한 자태를 열어줄 따름이었다.

자리를 옮겼다. 조금은 지친 듯, 감회에 젖은 듯, 이석형 군수의 눈빛이 깊고 아련하게 가라앉아 보였다. 그러고 보니 10년 전, 초대 나비축제 당시 꽃처럼 젊었던 사진에 견주어 이 군수의 얼굴에도 세월의 흔적이 슬며시 내려앉아 있었다. 늦은 저녁을 먹는 동안, 이 군수의 환한 미소 언저리로 희끗희끗 서리 내린 귀밑머리의 잔영이 자꾸만 데자뷰처럼 아롱거리는 것이었다.

10년 전 사진 속의 이석형은 꽃사내였다. 환한 웃음이 참으로 젊고 밝았다. 공자 가라사대 '미혹함이 없다'고 했던가. 불혹(不惑)이라 일컫는 40세, 혈기방장 뜨거운 나이에 출마하여 덜컥 민선 2기 군수직에 당선이 되었더랬다. 지자체 단체장으로 두 번째 최연소 당선 기록이었다. 최연소 기록자인 동갑내기 김두관 남해군수도 재선에 성공, 두 사람을 나란히 세운 언론의 스포트라이트가 한동안 제법 화려했더랬다.

그러나 당선의 기쁨도 잠깐이었다. 출근하여 업무 보고를 받는 처음 며칠 사이에, 금의환향 뿌듯한 마음도 마파람에 안개 걷히듯 사라져버렸다. 뭔가 발을 잘못 들여놓았다 싶은, 이거 아니다 싶은, 막막하고 암담한 심정이 들어 눈앞이 캄캄하더라고 했다. "그렇게 아무 것도 없을 수는 없었다. 아이구 하느님, 소리가 절로 나

오더라. 그렇게 해볼 만한 뭔가가 감쪽같이 없을 수는 없었다"고
이석형 군수는 당시의 소회를 털어놓았다.

"함평이 '한국의 에딘버러'가 되기를"
이석형 군수

이석형 군수의 표정에서는 어떤 신명이랄까 유쾌함, 혹은 장난기 같은
기운이 전해진다. 물어보니 아니나 다를까, 어려서 그런 개구쟁이가 없
었단다. 영락없는 놀부전이다. 호박에 말뚝 박고, 닭똥 걷어차고, 여자
선생님 장화에 지렁이 넣어두고…. 그래도 거짓말은 안했다. 범인 수사
하면 바로 자수했다. 반 친구들이 불편을 겪는 게 싫었으니까. 그러면
옆반 남자 선생님이 와서 대신 매질을 했다. 그렇게 맞고도 장난이 재미
있어서 개구쟁이 짓을 그만두지 못했다. 그게 창의력의 씨앗이라고 믿
는다.

어려서부터 골목대장 노릇을 하며 자랐는데, 유난히 호승심이 강했다.
그런데 바로 옆마을이 규모가 커서 운동이나 싸움이나 붙으면 질 때가
많았다. 이기고 싶어서 용돈을 모았다. 그렇게 모은 돈으로 방과 후에
동네 아이들에게 군것질을 시켜주면서 연습을 시켰더랬다. 그게 리더십
의 씨앗이 되었다고 믿는다.

말썽꾸러기 아들을 알밤 한 번 때리지 않으신 부모님. 아버지는 엄하고
과묵했으며, 어머니는 영원한 후견인이었다. "니한테 쏙는 줄 알면서도
해달라는 거 다 해줘씨야." 그리고 또 한 분. 아버지 친구가 20년 동네
이장이었다. 어려서부터 신문 가져다가 사설을 읽혔다. 옥편까지 사다
주며 찾아서 읽게 시켰다. 거기서 세상 물정을 배웠다. 저 든든한 신뢰,
그게 정치의 씨앗이어야 한다고 믿는다.

축제의 성공을 자신하며 엄지손가락을 들어보이는 이석형 군수.

방송국(KBS) 프로듀서가 되었다. 주로 농어촌 전문 프로그램을 맡았다. 왜였을까. 딱히 고향에 대한 애정? 뭐 이런 도덕 교과서 같은 이유는 아니었는데, 이상하게 함평 생각이 늘 머리에서 떠나지 않았더랬다. 불연기연(不然其然), 인연은 그렇게 '그런 듯 아닌 듯' 엮이어가는 것인지 모른다. 숙고 끝에 출마를 결심했고, 이기고 싶었고, 격전 끝에 2차 투표까지 거치며 아슬아슬한 차이로 당선이 되었다.

어느덧 10년을 호접몽을 꾸며 살아왔다. 농어촌 전문으로 뛰어다닌 프로듀서 12년이 큰 밑천이 되었다. 기실 함평의 발전사는 '나비축제' 이전과 이후로 확연히 나누어진다. '나비축제' 이후의 함평사는 모두 이석형 군수와 발자국이 겹친다. 민선 2~4기의 3선 군수. 인구 4만의 농촌 행정을 맡은 지 꼭 10년 만에 '2008함평세계나비·곤충EXPO'를 개최하여 남도의 농촌 마을로 행사 기간 45일 동안 지구촌 손님 130만 명을 불러들였다. 엑스포 공식 입장수입만 93억 1,400만 원에 달하는 대박의 성공사례다.

손님 중에는 프란티섹 세날 국제곤충학회 회장과 토마스 밀러 캘리포니아주립대 곤충학과 교수 등 여러 나라의 나비·곤충학자들과 세계적인 디자이너 모리하나에 여사, 그리고 그리스의 로더스섬·일본의 나고야시·필리핀의 팔라완 푸에르토시의 VIP들도 포함되어 있었다. 함평이 명실상부한 국제행사 유치 도시로 당당하게 이름을 떨치는 순간이었다.

지금도 잊지 못한다. 10년 전 이맘때 첫 '나비축제'를 오픈하는 날 아침, 사람들이 오기는 올까, 좌불안석에 해가 뜨기를 기다리는데 구름처럼 밀려드는 차량의 행렬. 그렇게 반대하던 사람들도 그날 뒤로 호칭이 바뀌었다고 한다. "우리 군수님!"

이석형 군수는 또 꿈꾼다. 언젠가 '나비축제'가 영국의 에딘버러처럼 세계인이 함께 어울리는 축제의 마당이 되기를. 함평이 자유와 젊음과 신바람 넘치는 '한국의 에딘버러'가 되기를.

3무(無) 함평의 역설?

전국 최장수 농촌마을 함평. 장수 노인 많은 게 자랑이라면 자랑이었다. 전체 군민의 30%가 65세 이상의 어르신들이었다. 1965년까지만 해도 15만 인구를 자랑하던 곡창지대였던 함평이 개발과 발전의 시대 조류에 뒤쳐져 어느덧 4만 인구의 작은 군으로 영락의 역사를 쓰고 있었다. 군민의 71%가 농업에 종사하는, 제조업 비율이 10%도 되지 않는, 전형적인 고령화 낙후 농촌 함평. 당시 함평은 교통으로도 오지로 꼽혔다. 지금은 사통팔달, 광주에서 차로 30분이면 닿을 거리인데, 당시의 국도 상황이란 굽이굽이 뻗은 도로를 달리다 보면 광주-함평간이 헐떡헐떡 2시간에 육박하는 지경이었다.

혹자는 함평을 두고 '삼무(三無)의 고장'이라 일컬었다. 자조가 심해진 나머지 '5무의 고장' '7무의 고장'이라 이르는 사람도 있었다. 군내에는 대학 한 곳 없었고, 이렇다 할 산업시설도 없었다. 내로라할 명승고적이나 국보급 문화유산도 거의 없었다. 척하면 떠오르는 절경도 없었다. 심지어는 계곡물이라도 콸콸 쏟아지는 여름 피서용 명산도 하나 없었다. 함평군 전체 면적 가운데 임야와 평지의 비율이, 어떤 영화의 대사처럼 51 : 49에 가까울 정도로 지형의 생김새는 드라마가 없었다. 엎친 데 덮친 격이랄까. 큰 산조차 허용치 않고 드넓게 펼쳐진 함평 들판은 전체의 93%가 농업진흥구역으로 묶여 개발이 제한되어 있었다. 서쪽으로 트인 함평만 양질의 갯벌은 수자원 보호구역으로 묶여 역시 1차 산업의 비율을 높이고 있었다.

막막했다. 젊은 군수를 뽑아준 군민들의 기대는 무엇인가 변화와 발전을 바라는 마음일 터였다. 사람들을 만나 자문을 구해봐도, 뾰족한 수는 보이지 않았다. 당장 직면한 문제는 아니었지만, 슬금슬금 도시로 나가는 사람들과 고령자 인구의 자연 감수분까지 포함하여 이 추세대로라면 멀지 않은 미래에 사람이 모자란다는 이유로 이웃 시군으로 지도가 이리저리 찢겨져 병합됨으로써 함평이라는 지명이 공중분해될 위험도 생길지 모를 일이었다. 진퇴유곡의 시기였다. 비장한 시국에 덜컥 고향의 중흥이라는 과업을 맡게 된 것이었다.

그래, 가야만 하는 길이라면 가보자, 어디로든 가보자. 해내야만 하는 숙제라면 해보자, 무엇이든 해보자. 무엇보다 임기 동안 복지부동으로 넓적다리에 올라붙는 살을 쓸어내리며 비육지탄의 세월을 죽이는 것은 피 뜨거운 이석형의 스타일이 아니었다. 하늘은 스스로 돕는 자를 돕는다던가. 무릇 사람은 스스로 도울 뿐이다. 하늘이 돕는다 함은 또한 그렇게 '스스로 돕는 일'을 다시 돕는 것 아니겠는가.

　그러던 차에 문득 나비가 날아들었다. 나비의 꿈. 절반의 우연이었다. 스스로 돕는 것이 필연이라면, 하늘의 도움은 우연의 이름으로 날아드는 것인가. 운명이 본디 우연과 필연의 소나타였으니, 함평과 나비의 만남이 꼭 그러하였다. 이 군수의 이야기가 점점 흥을 띠며 고조되어갔다. 반주로 곁들이는 '레드 마운틴'에 대한 자랑이 이 군수의 신명에 더욱 부채질을 했다. '레드 마운틴'은 함평군 특산물인 복분자로 빚은 고급 와인인데, 나비축제의 명성에 힘입어 상승 가도를 달리고 있었다. 꽃자줏빛 복분자 와인의 감미로운 향이 실내에 가득히 퍼지며 감돌았다.

　'함평천지(咸平天地) 늙은 몸이 광주(光州) 고향(故鄕)을 보랴 하고
　제주 어선(濟州 漁船) 빌려 타고 해남(海南)으로 건너갈제
　흥양(興陽)의 돋는 해는 보성(寶城)에 비쳐 있고
　고산(高山)에 아침 안개 영암(靈巖)을 둘러 있네
　태인(泰仁)하신 우리 성군(聖君) 예악(禮樂)을 장흥(長興)하니
　삼태육경(三台六卿) 순천(順天)이요 방백수령(方伯守令)이 진안(鎭安)현이라~~'

　고즈너기 한 자락 남도소리가 들려왔다. 〈호남가(湖南歌)〉였다. 전라도 주군현(州郡縣) 57고을 가운데 40개 고을의 이름을 빌려 산수와 풍습을 상찬한 단가(短歌)의 일종으로, 중머리 장단으로 경쾌하게 달리는 음조가 담백하기 그지없었다. 즐겨듣는 소리인 듯했다. 손바닥 장단에, 슬쩍슬쩍 달라붙는 추임새까지, 이석형 군수에게도 한두 번 굴린 소리가 아닌 듯싶었다. '함평천지~~'로 시

작하는 노랫말 덕분에 함평 사람들에게는 더욱 사랑을 받는 소리
였다.

　〈호남가〉를 끝으로, 나비축제와 관련한 인터뷰가 모두 끝났다.
봄이면 나비 날갯짓에 덩달아 망막이 아지랑이로 아른거려 마음부
터 무작정 함평천지 자운영 지평선으로 달려가곤 했더랬다. 함평
은 묘한 매력으로 사람을 끌어안았다. 있는 듯 없고 없는 듯 있는
은인자중의 고장이었다. 3무니 5무니 7무니 하는 혹자들의 자조는
경쟁이 심화되는 20세기 이후의 신조어로 짐작된다. 본디의 함평
은 풍요롭고 넉넉한 고장이었다. 이를테면 호남가의 '함평천지—
천지간 드넓은 함평'이 바로 '3무 함평'의 역설인 셈이었다.

'두루 화평한 땅'의 외유내강

2009년은 함평이라는 지명이 생긴 지 600년 되는 해이다. 이 지역에 주민이 주거하기 시작한 것은 선사시대까지 거슬러 올라가지만, 지금의 '함평'이란 이름을 얻게 된 것은 조선 태종 9년(1409년)의 일이다. 함풍현(咸豊縣)과 모평현(牟平縣), 두 현을 통합하여 태어난 것이 함평현인데, 부모뻘 되는 옛 이름자(두루 함, 풍성할 풍, 소 우는 소리 모, 평평할 평)까지도 함평천지의 넉넉함을 풍기는 것이 영락없이 '핏줄'이구나 싶어진다. 함평은 벌이 넓고 기름져서 산출이 많고 쌀 맛이 좋기로 유명했다. 심지어 "함평 쌀밥만 먹은 사람은 상여도 더 무겁다"는 말이 돌 정도였다.

조선의 기산영수

'두루 화평한 땅' 함평은 선사시대에는 진국에 속하였고, 삼한시대에는 마한에 속하였다. 함평 전역에 선사시대부터 철기시대에 이르는 사적으로 고인돌과 고분군들이 여기저기 산재해 있으나, 이러저러한 여건의 불비로 그 안에 담긴 문화와 역사의 전모는 미처 충분히 밝혀지지 않은 상태다. 백제시대에는 굴내현과 다지현, 두 현이 있었는데, 고려 때부터 굴내현은 함풍현으로, 다지현은 모평현으로 불리었다.

새 이름—'두루 화평한 땅'—을 얻은 뒤 언제부터인가, 함평은 선비들 사이에서 '기산영수(箕山穎水)'라는 애칭으로 불리어왔다.

정확히는 함평의 주산(主山)인 기산봉(箕山峰)과 그 산을 감돌고 함평 한 가운데를 유유히 흘러 영산강으로 합류하는 주천(主川) 함평천을 이르는 대유법이었다. 기산영수는 중국 고대의 요(堯)임금 시절인 BC 20세기 경, 은자(隱者) 허유(許由)의 고사에서 배경이 되는 지역의 이름이다. 요임금이 자기 뒤를 이어 천하를 맡아달라는 부탁을 하자 허유는 정중히 거절을 하고는 기산 아래 영수(潁水)로 가서 맑은 물에 귀를 씻었다는 이야기가 전해지며, 허유가 귀 씻은 영수의 지류는 세이천(洗耳川)이라는 이름을 얻게 되었다.

못 들을 말을 들었다 하여 영수에 귀를 씻은 허유나, 그 귀 씻은 물이라면 소조차 먹일 수 없다 하여 훨씬 위쪽의 상류를 찾았다는 소부의 이야기는 예나 지금이나 세속의 명리를 멀리하는 은자의 덕에 대한 최고의 상징으로 꼽힌다. 함평을 '기산영수'라는 애칭으로 부르는 마음 속에도 또한 당파와 정쟁으로 어수선한 속세의 소란으로부터 경계를 달리하고 싶어하는 고고한 의지의 문학적 표출이 담겨 있다. 그렇게 오랜 세월의 온축으로, 있는 듯 없고 없는 듯 있는 은인자중의 이미시가 함평의 산하에 자리를 잡은 것이었다.

樓高飛雁平看背
정자 높으니 날아가는 기러기의 등이 보이고
水淨遊蝦細數髮
냇물 맑으니 노니는 새우의 수염을 세겠네

세조 때의 학자 영파정(潁波亭) 이안(李岸)은 한 자락의 시로써 영수의 맑음을 노래했다. 세조의 단종 폐위에 즈음하여 벼슬을 버리고 낙향한 이안은 영수(함평천) 강가에 자신의 호를 딴 정자를 짓고

스스로 허유·소부를 자처하였으니, 정자의 높음과 냇물의 맑음은 선비의 충정이 높고 맑음을 강변하는 은유라 하겠다. 영파정은 정유재란(1597년) 중에 변란에 휩싸여 소실되었다가 복원되어 '영수정(穎水亭)', '영수헌(穎水軒)' 등의 이름으로 불리다가 1820~1822년 군수 권복(權馥)과 김상직(金相稷)에 의해 현재의 영파정으로 중건되었다(지방 유형문화재 자료 제168호).

허유가 귀를 씻은 까닭은?
기산영수의 고사

기산영수는 중국 하남성(河南省) 등봉현(登封縣)에 있는 지명으로, 은자(隱者) 허유(許由)가 은둔해 살았던 골짜기를 이른다. 등봉은 소림사(少

중국 하남성 등봉현에 있는 기산영수의 오늘날 모습.

林寺)가 있는 지역으로 더 유명하다. 기산은 허유를 기리기 위해 허유산이라고도 부르며, 산의 북쪽으로 영수(穎水) 혹은 영하(穎河)가 휘돌아 흐르고 있다. 산의 형세가 키(알곡과 쭉정이를 까부르는 대나무 농기구. 어린아이가 잠자다가 이불에 오줌을 쌌을 때 키를 씌워서 소금을 얻어

오라고 동네로 내돌리던 우리 풍습을 생각하면 이해하기 쉽다)와 닮아서 '기산'이라 부른다는 이야기가 전한다. 산세가 기이하고 골이 깊어 등봉 8경의 하나로 꼽히며, 산의 정상은 천 명 이상이 앉을 수 있을 정도로 넓고 평평하여 침두산(枕頭山, 베갯머리산)이라고도 불린다.

원래 허유는 패택(沛澤)이라는 곳에서 살았는데 인자(仁者)로 이름이 높았다. 요임금 말년에 후임으로 현자를 널리 수배했는데, 그 레이더에 포착된 대표 인물이 바로 패택의 허유였다. 요임금의 뜻을 전해들은 허유는 정중히 거절의 뜻을 밝히고 거처를 기산(箕山)으로 옮겼다. 요임금이 기산으로 다시 찾아와 '구주(九州)'라도 맡아달라고 청하자, 허유는 단호하게 거절하고는 기산 아래 영수(潁水)에 가서 귀를 씻었다. 영수 강가에는 나무 위에 둥지를 틀고 산다고(또는 나뭇가지로 거처를 새집처럼 짓고 산다고) 해서 '소부(巢父)'라 불리는 은자가 있었다. 소에게 물을 먹이러 왔다가 허유에게 귀 씻는 까닭을 들은 소부는 껄껄 웃으며 귀 씻어 더러워진 물을 먹일 수 없다면서 소를 이끌고 훨씬 위쪽의 상류로 올라갔더라, 하는 이야기가 유명한 '기산영수'의 고사다.

허유가 그토록 꺼린 그 자리의 후임이 순(舜)임금이다. 요임금은 장남 단주(丹朱)를 물리치고, 성덕(聖德)으로 명망이 높은 순에게 두 딸 아황(娥皇)과 여영(女英)을 딸려서 왕위를 넘긴다. 그렇게 이어진 요순(堯舜) 시절은 동서고금을 통틀어 태평성대의 대명사로 회자되며, '선양(禪讓)'이라 불리는 요임금과 순임금의 '민주적 정권 교체'는 5천 년의 세월을 뛰어넘어 바람직한 정치의 귀감으로 언급되고 있다.

그런데 왜 허유는 그렇게 귀를 씻어가면서까지 저 아름다운 고사의 주인공이 되기를 거부한 것일까. 숨은 사연을 읽어보면 의외로 핏자국 선연한 이설이 만만치 않다. 단주가 요임금의 뜻을 거슬러 '삼묘(三苗)'의 반란을 일으켰다는 설, 요임금이 반란을 진압한 뒤 아들을 사형에 처하고 순에게 선양했다는 설, 혹은 거꾸로 요임금이 말년에 총기를 잃고 단주에게 왕위를 물려주려 했다가 순에게 왕위를 빼앗기고 추방되었다는 설, 훗날 순임금이 남방을 순시할 때 단주가 창오(蒼梧) 들판에서 매복하였다가 순을 죽였고 그 소식을 들은 두 왕비 아황과 여영이 소수(瀟水)와 상강(湘江)이 만나는 소상강(瀟湘江)에서 몸을 던져 죽었으며 그 천추의 한이 강변에 맺혀 지금도 그곳에는 소상반죽(瀟湘斑竹)이라 부르는 핏빛 반점이 배인 대나무가 유명하다는 설까지, 근거 자료를 동반한 이설들이 꽤나 팽팽하다.

본디 역사와 신화·전설이란 것이 승자의 영광을 부풀리는 쪽으로 쓰여지기 마련이어서, 당대의 숨은 진실이 어찌하였는지를 온전히 알 수는 없다. 다만 당시가 모계에서 부계로 통치 권력의 주체가 바뀌어 자리를 잡아가던 과도기라는 점을 감안하면, 요와 순의 선양이 성덕에 기초한 순수한 정권 이양이라기보다, 아황과 여영을 덤불혼인으로 엮은 데서도 짐작되듯이 정략 결혼을 포함한 배후의 권력 메커니즘이 상당히 복잡한 네트워크로 작용하던 시절임을 짐작하게 해준다.

그러고 보면 인간사의 한 축에는 요순의 선양을 부풀려 광고하며 권력의 공생관계를 도탑게 하고자 하는 속 깊은 의도가 수천 년 전해지는 한편, 다른 한 축으로는 그런 세속의 명리를 기휘하여 오히려 귀를 씻은 허유와 소부의 마음을 공경하는 기산영수의 은류(隱流)가 면면히 흐르기 마련이다. 허유가 세상을 떠나자 요임금은 허유를 기산공(箕山公)에 봉하고 사당을 지어 제사를 지내주었다. 지금도 기산의 정상, 침두 부분에는 허유의 묘와 사당이 있다.

역사와 함께 한 함평의 강기(剛氣)

'기산영수'의 고사와 함께 은인자중하는 함평의 이미지는, 다른 한편으로 때가 되면 강인하게 일어나는 의병 기질과 짝을 이루고 있다. 임진·정유의 두 왜란은 물론 정묘·병자의 두 호란에도 함평의 의병은 빠지지 않는다. 그러다가 조선조 말에 이르러 명성황후 시해사건과 을사보호조약·군대 해산 등으로 인해 연이어 항일 의병이 불길처럼 일어나게 되는데, 이때의 의병항쟁 활동 기간에 일본인들 사이에 '삼성삼평(三城三平)'이란 말이 생겨난다. 삼성은 곡성·보성·장성을, 삼평은 남평·창평·함평을 일컫는데, 모두 드세고 까다로운 지역을 지칭하는 표현이다. 당시 일본인들이 이 지역 의병들로 인해 얼마나 골머리를 앓았는지를 보여주는 단적인 예라 하겠다.

일본 경찰이 기술한 『전남폭도사』(해방 후에 『비록(秘錄) 한말(韓末) 전남의병전투사』로 번역, 발간되었다)도 비슷한 경우다. 일본은 당시의 항일의병을 3기로 분류하고, 각 기의 대표적 거괴(巨魁 : 우두머리)로 1기 최익현(崔益鉉), 2기 김태원(金太元)·김율(金聿) 형제, 3기 선해산(全海山)·심남일(沈南一)·안계홍(安桂洪)을 꼽았다. 이 여섯 우두머리 가운데 김태원·김율·심남일 3명이 함평 사람이었다 하니, 외유내강하는 함평의 기운이 예사롭지 않음을 알겠다. 마침 1908년 2월에 함평군 신광면에서 뜻을 일으킨 남일(南一) 심수택(沈守澤)의 의기를 담은 시 한 편이 전하니, 그 비장한 기개가 심금을 울린다.

林下書生振鐵衣
초야의 서생이 갑옷을 떨쳐입고
乘風南渡馬如飛

바람 타고 남녘을 지나니 말이 나는 듯하다.

蠻夷若未掃平盡

왜놈들을 사그리 쓸어버리지 못한다면

一死沙場誓不歸

맹세하노니 모래밭에 죽어 돌아오지 않으리

이후 3·1운동과 '월야면 국유림 반환 운동', '격문 살포 사건' 등 국내외 독립운동과 연계하여 내연하던 함평의 강기가 해방 이후 다시 한 번 그 기개를 크게 떨치는 사건이 있었으니, 이른바 '함평 고구마사건'이 그것이다.

함평은 해남, 무안과 함께 고구마의 주산지였는데 매해 가을이면 중간상인의 농간에 속을 끓여야 했다. 76년 농협은 '협동생산 공동판매'의 기치 아래 높은 가격에 전량 수매를 약속하였고, 직원들이 직접 고구마 농가를 찾아가 농협이 자체 제작한 포대까지 나눠주었다. 농협을 믿은 농가에서는 매년 찾아오는 중간상인도 외면한 채 수매를 기다렸다. 그러나 어찌된 일인지 고구마가 추위에 얼어서 썩어가도록 전량 수매는커녕 절반의 수매도 이뤄지지 않았다. 피해보상과 진상조사를 요구했지만, 해가 바뀌도록 농협은 이런저런 핑계만 대고 전혀 성의를 보이지 않았다.

피해자들은 대책위원회를 만들어 77년 4월 22일 광주 계림동 성당의 기도회를 시작으로 서울 대전 부산 등 대도시를 돌며 사건의 진상을 알리고 동참을 호소했다. 그러나 농협은 도리어 수매 약속을 하지 않았다고 잡아떼었고, 정부는 기동경찰을 투입해 대책위를 강제해산시키고 연행할 뿐이었다. 싸움은 점점 격렬해지고, 다시 다음해 4월 24일 광주 북동 천주교회에서 경찰의 폭력에 맞서 7백여 농민이 집단난투극을 벌인 끝에 44명이 단식투쟁에 들어갔다. 전국에서 29명이 단식에 합세하고 윤홍희 대주교와 문익환 목사 등 민주 인사들의 방문이 줄을 이었다.

단식 9일 만에 농협이 무릎을 꿇었는데, 문제의 발단은 어처구니없게도 중앙에서 내려온 수매자금을 공무원들이 중간에서 가로채는 바람에 고구마를 사지 못했던 것이었다. 단식농성이 마무리된 뒤 감사원과 국세청이 함께 농협에 대한 대대적인 감사를 실시한 결과 농협이 고구마 수매자금 415억 원 중 80억 원을 부정 유출시킨 사실이 밝혀졌고, 이와 관련된 농협 도지부장 1명, 군조합장 62명, 단위조합장 139명 등 모두 658명이 해임 · 징계되었다. 함평 고구마사건은 민(民)이 관(官)을 이긴 최초의 사건으로, 그리고 언제나 짓밟히고 탄압받던 농민이 스스로에게 희망과 용기를 준 역사적 사건으로 기록된다.

'브랜드 함평'을 택하다

"좌절금지"

'함평 고구마사건'이 생산한 또 하나의 성과는 홍보효과였다. 함평이라는 지역이 어느 도, 어느 구석에 박혀 있는 줄조차 모르던 국민들에게 '함평'을 인식시킨 것은 어쩌면 사실상 함평 고구마사건이 거의 처음이었다. 고구마사건이 무슨 사건인지 어떤 사연인지 자세한 속내를 모르는 사람도 많았지만, 대도시들을 찾아다니며 오랫동안 투쟁을 벌인 탓인지 함평이라는 이름만큼은 기억하는 사람들이 많았다. 나비축제를 준비하던 초기에 홍보 차 서울 부산 등 대도시를 방문했던 관계자들의 이구동성이다. '함평에서 왔노라'고 사연을 밝히면 대부분의 사람들은 함평이 어디 있는 지명인지도 모르기 십상이었고, 아는 사람의 십중팔구는 '함평 고구마사건' 이야기를 꺼내더라는 것이다. 지금은 길 가는 사람을 잡고 "함평을 아느냐"고 물어보면 열에 아홉은 '나비축제'를 떠올리지만, 당시는 겨우 '고구마사건'이 함평 홍보의 징검다리 역할을 해주었을 뿐이었다. 바꿔 말하면, 나비의 기적은 그렇게 '홍보 제로'의 불모지에서 시작된 것이었다. 홍보와 마케팅이 생명인 페스티벌 비즈니스가, '홍보 제로'의 농촌 함평에서 싹을 틔우게 된 것이었다.

사실은 처음부터 나비축제를 목표로 뚜렷하게 방향을 잡았던 것도 아니었다. 이석형 군수는 다만 비장했을 뿐이었다. '기산영수'의 군자심(君子心)인들, 의병장의 기개세(氣蓋世)인들, 드넓고 기름진 땅심인들, 함평의 발전과 변화를 이끌어줄 21세기의 동력으로서는 가당치 않은 무기력한 옛날의 풍모에 불과할 따름이었다. 게다가 하필이면 취임 시기가 IMF 정국과 맞물려 있었다. 최악의 타이밍이었다. 상부나 외부로부터의 후원도 기대하기 어려웠다. 여건은 숨 막히게 답답한데, 어찌됐건 내부의 에너지만을 모아서 난국을 돌파해야 했다.

지브리스튜디오의 미야자키 하야오 감독은 작업실에 '좌절금지' 포스터를 붙여놓았다고 한다. 네티즌들 사이에 널리 알려진, '금지'를 의미하는 교통표지판 안에 엎드려 땅을 치는 사람의 형상을 그려 넣은 디자인이다. 창작의 고통이 오죽했으면 그런 포스터를 만들었을까. 남의 일 같지가 않았다. 군수로 취임한 1998년 7월부터, 이석형 군수는 체한 듯 무거운 마음에 잠도 오지 않아서 매일 새벽 군청 뒷산인 기산봉에 올라 멀리서부터 먼동이 터오는 여명의 함평벌을 내려다보며 생각에 잠기는 버릇이 생겼다. 동쪽 끝 고막천부터 서쪽 끝 함평만까지 함평에 있는 것과 애초 없는 것들을 하나하나 짚어보았다. 앞장에서 힘이 될 것들과 뒤로 돌려야 할 것들을 차근차근 나누어보았다.

발전을 위한 밑천이 없다

문화재 족보로 치면 그런대로 내로라하고 명함을 내밀 만한 것도 있었다. 고막천 석교, 2003년에 늦게나마 보물 제1372호로 지정된 문화재다. 이 돌다리는 마치 목재 건축에서 장붓구멍에 맞춰 우물마루를 짜넣듯, 7개의 민흘림 교각 위에 사개형 결구와 멍에를 깔고 그 위에 짜맞춘 듯 쪽돌을 끼워 얹은 솜씨가 명품이었다. 한국전쟁 전까지만 해도 멍석 없이 곡식을 널었을 정도로 돌과 돌 사이

보물 제1372호로 지정된 고막천 석교.

에 빈틈이 없이 정교했다고 전한다. 큰 물이 잘 나는 고막천의 물
살에도 7백년을 견뎌올 정도로 튼튼해서 '똑다리' 또는 '떡다리'
로 불리었다. 사람의 경지가 아니라는 뜻으로 '고려 말 승달산 법
천사의 도승 고막대사가 도술로 만든 다리' 라는 전설이 내려올 정
도였다.

　조선 중·후기 당쟁의 화살을 온몸으로 받았던 자산서원(紫山書
院)도 의미심장한 문화재다. 자산서원은 곤재(困齋) 정개청(鄭介淸)을
모신 사원으로 전라남도 유형문화재 제146호인 '곤재 우득록 목판'
을 소장하고 있다. 『우득록(愚得錄)』은 곤재가 남긴 문집인데, 제목
은 '어리석게 얻은 글' 이란 뜻이다. 또한 호 곤재는 '곤란함으로 지
은 집' 이란 뜻이다. 평소 겸양과 수신을 강조했던 정개청의 뜻이 고
스란히 드러나는 대목이다. 한 학자의 문집을 인쇄하기 위해 목판
을 만드는 것은 매우 드문 일이었으니, 낮은 신분으로 태어나 호남
사림의 봉우리로 존숭받기에 이른 곤재의 경지를 능히 짐작케 한
다. 정여립 역모사건에 연루되어 고문 끝에 눈을 감은 뒤에도, 거듭

되는 당쟁에 여러 차례 곤재의 복권과 훼철
이 반복되었고, 곤재를 배향하는 자산서원
도 문 열고닫기를 거듭해야 했던 피의 사연
을 품고 있다.

그밖에 앞서 언급한 영파정을 위시하여
세심정·육모정·이인정 같은 누각·정자들과 함평향교, 용천사
석등과 보광사 범종 등 지방 유형문화재들도 자태가 나름 반듯하
다 이를 만했다. 함평 전역에 산재한 선사시대~초기 철기시대의
유물 고인돌 군락과 삼한~삼국시대의 고분군도 빼놓을 수 없다.
천연기념물도 있었다. 대동면 향교리의 팽나무숲과 함평읍 기각리
의 붉가시나무 자생지는 각각 천연기념물 108호와 110호로서 수세
가 자못 우람하였다. 함평의 야생란과 국화는 남도 일대에 유명짜
하게 알려져 있었고, 240년 전통을 자랑하는 함평장의 명성도 결
코 허투루 넘길 수 없었으니, 특히 함평장은 우시장이 유명하여
'함평 큰소장(우시장)이 전남 소값을 좌우한다'는 말이 전해질 정도
였다. 용천사 일대 산허리를 온통 붉은 빛으로 불태우는 늦여름의
꽃무릇 풍광도 일색으로 꼽혔으며, 손불면의 해수찜은 탁월한 게
르마늄 효능으로 입소문이 돌 정도였다.

그러나 '대표선수'가 없었다. 함평 하면 이거, 하고 딱 맞아떨어
지는 게 없었다. 중심이 되어줄 무엇이 필요했다. 함평 르네상스
전반을 이끌 수 있는 어떤 에너지가 필요했다. 든든한 힘이 되어줄
견인차가 필요했다. 그 '중심의 힘'이 없이 이리저리 산재한 '서
말의 구슬'은 꿰지 못하는 보배였고, 벼리 없는 그물이었다. 고막
천 석교는 소중히 지켜 모실 대상일지언정 함평의 관광 진흥을 위
한 얼굴마담이라도 맡아줄 깜냥이 못 되었고, 천연기념물과 국화

· 난초 · 야생화 등으로 관광 미래를 도모하기도 역부족이었다.

약점을 강점으로 – '브랜드 함평'을 택하다

실물경제에서도 그 '무엇' 은 절실했다. 함평의 경제를 구성하는 생산물은 대부분이 농산물과 해산물, 그리고 함평 큰소장을 중심으로 형성된 축산 시장이었다. 함평천지 너른 들이 길러내는 쌀과 콩, 복분자 · 배 · 단감 등 과일이며, 육질 좋은 한우며, 함평만 갯벌이 쏟아내는 해물 등은 품질이 뛰어나 나름의 경쟁력을 자랑하고 있었다. 그렇지만, 어쩌랴. 전 세계를 휩쓰는 신자유주의의 도도한 물결은 농산물과 해산물만으로 꾸려야 하는 지역 경제를 점점 더 변방으로 밀어내는 것을.

신자유주의의 도도한 대세를 헤쳐나가되, 함평천지 너른 들과 바다의 산물로 판을 짜야 한다. 일견 모순으로 보이는 묘수풀이 문제를 놓고, 이석형 군수는 '브랜드 전략' 이라는 강수를 선택한다. 어찌 되었든 전쟁터는 시장이다. 시장 뚫기 전쟁이다. 무기는 미우나 고우나 오직 '함평의 것' 이어야 한다. 함평이 낳은 것이라야 한다. 문제는 경쟁력인데, 그 경쟁력이란 것이 품질만 좋다고 되는 것이 아니었다. 경쟁력은 대개 품질과 가격, 그리고 홍보(브랜드)에 따라 결정된다. 다행히 '메이드 인 함평' 은 품질이 좋았다. 게다가 '친환경' 이라는 프리미엄 보너스도 있었다. 함평천지 대자연은 개발 경쟁에서 뒤처지는 동안 거꾸로 '친환경' 이라는 숨은 가치를 비축해온 것이었다. 가격 경쟁력은 애초 관심 밖이었다. 저가 경쟁은 자멸의 지름길이라고 보았다. 오히려 반대쪽에 길이 있다고 믿었다. 브랜드 가치 제고를 통한 고가 명품 전략. '메이드 인 함평' 은 곧 명품으로서의 가치가 있다는 믿음.

그러나 어떻게? 명품 좋은 줄 누가 모르는가. 이 대목에서 이석형 군수 특유의 뚝심이 발동하기 시작했다. 전국 두 번째 최연소 군수, 첫 출마에 2차 선거까지 치러서 거둔 역전승, 기득권이라는 기성 정치권의 딱딱한 껍질을 돌파해낸 이석형의 뚝심이었다. 부임 초기의 언론 인터뷰들을 살펴보면, 당시 이석형 군수의 결심은 세 갈래로 요약된다. 첫째는 '친환경'이고, 둘째는 '얼굴 있는 농(축·수)산물'이고, 셋째는 '종합관광지로의 도약'이었다. 그리고 그 세 갈래의 숙제를 이끌어줄 엔진은 어차피 하나였다. 일단 '함평'이라는 이름을 알린다. 브랜드 명 '함평'. 이를테면 종합상사랄까. 주식회사 함평. 친환경 종합물산 함평. 1998년 7월, 마침내 기산영수 해맑은 함평 하늘 위로 '주식회사 함평'의 깃발이 올라가기 시작했다.

친환경 고급품 명성에 일본 수출까지
일석이조, 친환경 브랜드 전략

함평은 있는 듯 없고 없는 듯 있는, 묘한 기운이 매력인 도시다. 하늘이 도왔는가, 다행히도 '나비축제'라는 묘수가 적중했다. 나비축제는 함평의 발전을 견인한 절묘한 엔진이었다. 나비축제의 성공으로 운동에너지가 발생하자, 없는 듯 산재해 있던 함평의 잠재력이 서서히 살아나기 시작했다.

특히 친환경 청정 지역을 강조하는 함평의 고부가가치 브랜드 전략은 나비축제의 성공과 맞물려 환상의 궁합을 보여준다. 나비는 농약과 제초제, 화학비료 등을 과다하게 사용하는 오염지역에서는 살 수 없으므로, 나비축제의 성공은 곧 함평이 친환경 지역임을 저절로 입증한 셈이

함평의 자랑이자 관광자원 중 하나인 자운영 벌판.

되었다. 먼저 '함평천지' 로고 아래 '자운영쌀' '오리쌀' 등 고가의 프리미엄상품을 내놓았다. 나비축제와 맞물려 '함평천지' 로고는 오래지 않아 유명 타이틀이 되었다.

'자운영쌀' '오리쌀' '우렁이쌀' 등의 쌀 이름들은 각기 쌀을 생산하는 농법을 상표명으로 쓴 것인데, 각각의 농법은 이렇다. 자운영은 논밭에서 자라는 두해살이 풀로서 연화초(蓮花草)·홍화채(紅花菜)·쇄미제(碎米濟)라고도 불린다. 콩과식물답게 공기 중의 질소를 주요 질소양분으로 이용하므로 땅심을 윤택하게 하는 특성을 가지고 있다. 벼 베기 한 달쯤 전, 논에 물이 자박자박하게 남아 있을 무렵 자운영 씨앗을 파종한다. 벼를 수확하고 난 뒤의 함평천지 너른 들에 파릇파릇 자운영 싹이 돋아나 이듬해 나비축제에 즈음하여 지평선은 온통 자운영 꽃의 연보랏빛 아지랑이로 자욱해진다. 축제가 끝나면 트랙터로 자운영 논을 갈아엎고 물을 받아서 모내기를 한다. 1,000만 평에 무성했던 자운영이 고스란히 밑거름이 되는 셈이니, 그만큼 쌀이 더 윤택할밖에. 자운영 거름만으로 다른 지역 화학비료 투입량의 절반에 맞먹는 효과가 있다고 한다.

오리농법은 논에 청동오리를 풀어넣어 잡초를 뜯어먹게 하고 벌레도 잡아먹게 하는 방법이다. 똥은 자연스레 거름이 된다. 볏잎은 까끌까끌하여 오리가 벼를 다치지 않으므로 가능한 농법이다. 오리가 부리와 발로 논물을 저어주기 때문에 무기양분 공급 효과가 배가되고 잡초의 생장을 억제하는 효과도 얻는다. 늘어진 볏잎을 밟아 제거함으로써 통풍이 잘 되게 도와주고, 벼 사이를 지나다니는 동안 벼 포기를 자극하여 벼의 생육을 촉진하는 효과도 높이게 된다. 광주 등지의 소비자단체와 연계하여 쌀을 미리 수매하는 등 신용거래 네트워크가 가능할뿐더러, 봄철에 어린 오리 값으로 15,000원을 보내주면 가을에 다 자란 오리 두 마리로 보답하는 프로그램도 운영 중이다. 그밖에 쌀겨농법, 미생물발효농법 등도 병행해 사용하여 성과를 거두고 있다.

엄밀히 말해서 농법은 아니지만, 소득증대책의 일환으로 '뱀장어농법'을 시도하는 농가도 있다. 물을 채운 평야의 논은 물이 얕은 거대한 저수지인 셈이니, 뱀장어가 살기에 적합한 환경이 된다. 자연산 뱀장어는 워낙 단가가 높아서 고수익이 예상된다. 수중 해충을 잡아먹는 효과도 있다. 물론 친환경 청정지역에서 가능한 이야기다.

전략이 먹혔다. 특히 나비축제와 관련하여 곤충연구소의 활동이 활발한 함평이니만큼, 곤충간의 천적관계를 이용한 해충 제거 등 친환경 농법이 주효하여 쌀과 잡곡의 매출이 몇 배로 늘었다. 발 없는 소문은 바다를 넘어 일본에도 알려졌다. 쌀·오이·호박 등이 일본으로 수출되고 있다. 콩과 메주의 주문도 급증 추세이고, 배·방울토마토·복분자 등 채소·과일 수요도 탄력을 받기 시작했다. 고추는 현미식초로 벌레를 쫓고 천연녹즙으로 거름을 주는 농법으로 새로운 특산물이 되었다. 자운영과 발효사료를 먹인 고급 한우와 함평만 개펄의 굴·조개들도 친환경 브랜드로 이름이 높아가고 있다.

대표선수를 찾아라

먼저 잡초 우거진 함평천 고수부지부터 정리하기로 했다. 80년대 말까지 함평천은 큰 비가 오면 늘 홍수로 침수되는 지역으로, 90년 들어 콘크리트 블록으로 제방을 쌓는 직선화 공사를 하는 바람에 환경 훼손이 심해졌고, 그 바람에 사람들이 찾지 않는 죽은 강이 되고 말았다. 오래도록 방치된 함평천은 사실상 쓰레기장에 다름 아니었다. 무성한 잡초와 갈대밭 사이로 버려진 냉장고와 텔레비전이 뒹굴고 있었고, 여름이면 모기가 득시글거렸으며, 수초 사이에서 쓰레기들이 악취를 풍기며 썩어가고 있었다. 함평의 한가운데를 흐르는 동맥이, 현자 허유의 귀 씻은 물에 견준 바로 그 기산영수가, "냇물 맑으니 노니는 새우의 수염을 세겠네水淨遊蝦細數髯"라고 노래했던 영파정 이안의 그 맑던 물이 썩어가고 있었다. 강은 상징이었다. 썩어가는 강을 살림으로써 함평을 살린다. 강이 살아야 벌이 살고 함평이 산다. 그 첫 걸음에 은근하게 뜻깊은 상징마저 떠오르는 느낌이었다.

함평천 고수부지를 말끔하게 정리하고 난 뒤, 그 넓은 터를 활용하여 함평의 브랜드 이미지가 될 축제를 준비할 계획이었다. 당시 지방자치단체들 사이에서 흔한 게 축제였지만, 그래도 브랜드 가치를 높이는 데 축제만한 것도 없었다. 먼저 축제를 성공적으로 일궈내고, 성공한 축제의 미디어 노출 효과를 '메이드 인 함평'의 홍보효과로 바꾼다는 전략이었다. 내심 속으로 믿는 구석도 있었다. 이석형 군수는 출마 직전까지 12년째 광주 KBS PD 일을 해오고 있었다. 96년에는 광주전남 PD연합회장을 맡기도 했다. 이벤트며 페스티벌의 속성과 메커니즘을 훤히 꿰고 있었을 뿐더러, 축제가 궤도에 오르는 과정에서 요구되는 긴급 사항들을 해결할 든든한 네트워크도 갖추고 있었다.

　문제는 자랑삼아 내놓을 그 무엇, 함평하면 절로 고개를 끄덕일 그 무엇이 딱히 짚이지 않는다는 점이었다. 하기야 그런 게 있었다면 진작 오래전에 '함평OO축제' 마당이 벌어졌을 것이다. 회의를 소집했다. 한바탕 논란이 일었다. 축제에 대한 찬반 견해가 서로 부딪쳤고, 축제의 향방을 두고 견해가 엇갈렸다. 어차피 쉽게 묘안이 나올 사안이 아니었다. 회의를 거듭하는 한편으로 천변 정리를 시작했다. 낫을 들고 풀 베는 일이 '나비의 기적', 그 10년의 첫 걸음이었다.

축제 준비물이 "농약 500병,
거름통 30개, 쇠스랑 50개…"

불과 얼음 사이의 묘수

몇 가지 원칙을 정했다. 첫째 공무원이 솔선수범할 것. 공무원이
앞서서 팔을 걷어붙여야 주민의 마음이 움직이는 법이다. 나아가
프로그램의 구상부터 집행까지 일체의 프로세스를 함평군 스스로
의 손으로 관장한다. 아웃소싱으로 일을 외부에 맡기는 순간 그 프
로그램은 남의 일이 되어버리고, 겉돌게 된다. 직접 손에 흙을 묻
혀야 서툰 일도 몸에 익는 법이고, 일의 성과와 노하우도 축적되기
마련이다. 궂은일부터 함평군청이 솔선수범하기로 한다. 새삼스러
운 일도 아니었다. 공무원 모두가 농부의 아들·딸이었으므로, 그
들의 유년이 곧 '어린 농부들'이었으므로.

둘째 총력전. 주식회사 함평은 일반 회사와 본질적으로 다른 면
이 있었다. 회사의 이익보다 식구들의 이익이 우선이라는 점, 애초
부터 회사의 경영을 위해 구조조정 따위를 할 수 없다는 점이었다.
주민은 주식회사 함평의 주주인 동시에 직원이고 또 이사진이기도
했다. 운명공동체였다. 운명이라면 처음부터 하나인 것이고, 끝까
지 하나여야 한다. 손 편하자고 발을 혹사할 수 없고, 심장과 콩팥
이 제각기 자기 이익을 위해 싸울 수는 없는 노릇이었다. 총력전이
어야 마땅하다고 믿었다. 경찰서·소방서·한국전력·전화국·보
건소 기타 등등 모두의 힘을 함평의 이름 아래 모은다. 원스톱서비
스라는 행정 서비스의 개혁도 은연중의 목표로 두었더랬다.

셋째 최소 비용의 원칙. 활용 가능한 것들은 재활용하고 최소한의 투자로 끝낸다. 지출은 가능하다면 절제한다. 이벤트의 속성이란 쓰다보면 한도 끝도 없는 법이다. 흥청망청이 한 순간이다. 일개 군 단위의 뻔한 예산으로, 기왕의 사업들을 줄이지 않으면서 축제라는 신설 사업에 동원할 자금이 얼마나 될 것인가. 게다가 사업자금은 바로 주민의 혈세 아니던가. 축제 분위기는 살리되, 가능한 한 가난하게, 짤뜰하게. 이 '불과 얼음' 같은 모순의 과제를 해결하기 위해 갖은 아이디어가 동원되었다. 그 아이디어들이 쌓여서 나중에는 나비축제만의 독특한 개성으로 자리잡게 된다.

몇 가지만 미리 살펴보자면 이렇다. 먼저 행사용 건물이나 축제만을 위한 공사는 되도록 지양하기로 한다. 초기에는 마을회관과 군민복지회관을 곤충표본전시관 등으로 활용하는 식이었는데, 이 절약 마인드가 점차 진전되어 훗날 엑스포 때는 에어돔의 형식으로 발전하게 된다. 초대형 스타디움이나 기념관들이 올림픽이나 엑스포 등 행사가 끝나고 나면 애물단지가 되고 마는 사례를 되풀이하지 말자는 취지였다. 에어돔은 비행선이나 낙하산에 쓰는 빙수·방풍용 천을 두 겹으로 만들어 그 사이에 공기를 주입해 철골 구조물 위에 씌우는 형식의 가건물로서, 행사 준비기간을 포함하여 한 달 남짓한 기간의 효용성과 경제성으로 볼 때 단연 발군이었다. 게다가 건물의 외형이 바느질에 의해 이루어지므로 곤충이며 꽃이며 나비축제에 어울리는 다양한 이미지를 자유자재로 구현할 수 있었다. 축제가 끝나면 건물을 둘러쌌던 거대

엑스포장에 설치된 장수풍뎅이 에어돔.

한 천과 수북한 철골 구조물, 바닥에 쓰였던 널빤지를 분해하여 재활용한다. 다만 한 달 만에 설치했다 분해하는 데 소요되는 인건비가 소모적으로 보일 수 있겠으나, 인건비 또한 주민에게 재분배되는 축제의 떡고물이었으니 '도랑 치고 가재 잡는다'는 속담이 바로 이럴 때 쓰자고 준비된 말일 것이었다.

화려하게 피었다가 쓸쓸하게 시든 반면교사 유바리

재미와 친근한 개성을 발휘하고 있는 벽화들.

함평읍 여기저기서 쉽게 눈에 띄는 벽화도 같은 맥락이다. 최소 비용의 아웃테리어. 그림 수준이 제법 만만치 않은 품이, 기실은 광주와 목포 등 인근 지역 미술대생들의 손을 빌린 것이다. 초기의 벽화에서는 '이발소 그림' 같은 치기가 묻어나는데, 그것은 군부대가 지원책으로 파견한 비전공 군인의 미숙한 손길 탓이었다. 한 해만에 군부대 벽화 요원은 돌려보냈다. 미대생끼리의 경쟁심리도 재미있다. 벽화가 늘어가면서 그림끼리, 미대생끼리 모종의 경쟁의식이 발동하면서 어느덧 그림의 맛이 점점 그윽해지는 변화가 읽힌다.

축제 분위기 조성을 위한 조경과 화훼에도 최소 비용 원칙은 강경하다. 함평천 고수부지와 인근 축제장 10만 평에 펼쳐진 유채꽃, 그 너머 1천만 평 함평천지 지평선 위로 자욱하게 피어오르는 자운영의 보랏빛 꽃안개, 생태습지의 물자락 가장자리로 펼쳐지는 수십만 평 양귀비꽃의 자줏빛 물결, 도로를 따라 끝도 없이 이어지는 꽃잔디며 송엽국·금잔화·데이지꽃 등 100여 종의 꽃들. 이걸 포기당 단가로 계산하면 답이 안 나온다. 비결은 가장 '함평'스러운 전략에 있다. 다음은 당시의 축제 관련 물품 서류철에 적힌 어느날의 항목들이다. "농약 500병(라쏘 250병, 크라목숀 250병), 거름통 30개, 메밀 수원 10호·12호 각 230ℓ, 유채 300kg, 쇠스랑 50개…". 그랬다. 아예 씨를 뿌려서 농사를 지어버리는 것이었다. 너무나 농촌이어서, 너무나 친환경 지역이어서 비전이 안 보인다던 '3무' '5무' '7무'의 땅, 그 땅에 농투성이답게 그들 본연의 장기를 발휘해버렸다. 다만 씨를 뿌릴 때 조금 꾀를 부렸다. 두 번째 원칙이 총력전이었으므로, 소방차의 힘을 빌린 것이다. 씨앗과 물비료를 적정 배율로 배합한 용액을 소방차의 수압을 빌려 고수부지에, 꽃밭에 쏘아댄 것이다.

비슷한 시기에 화려하게 피었다가 쓸쓸하게 시든 축제가 있는데, 함평의 경우와는 너무나도 대조적이어서 반면교사로 잠시 살펴본다. 일본 홋카이도[北海道] 유바리[夕張]시의 '유바리국제판타스틱영화제'다. 유바리국제판타스틱영화제는 도쿄국제판타스틱영화제와 함께 일본의 양대 판타스틱영화제로 꼽히는 유수의 영화제다. 1990년 2월, 순백의 설원을 배경으로 청운의 막을 올린 이래 전 세계 영화 애호가들 사이에 마니아 팬들을 두고 있을 정도로 뿌리가 든든하던 이 영화제가 2006년 유바리시의 파산 선고와 함께 은막 뒤로 영원히 사라질 위기에 처하게 되었다. 영화팬들의 애타

유바리국제판타스틱
영화제를 알리는 홍
보 포스터들.

는 회생 노력으로 영화제는 간신히 목숨을 부지할 수 있었다. 팬들의 성금과 자원봉사, 기업과 단체의 후원에 힘입어 2007년 규모를 현저하게 줄이고 이름도 '유바리응원영화제(Yubari Support Film Festival)'로 바꾼 채 비상체제로 간신히 명맥을 이었지만 규모와 활기가 전성기에 한참 못 미치는 수준이었다.

유바리가 천당에서 지옥으로 급전직하하게 된 까닭은 터무니없는 시설 투자에 있었다. 유바리시가 90년대 중반의 세계적 호황과 영화제 성공으로 인한 관광객 러시를 보고 그만 장밋빛 꿈에 취하여 과도한 투자를 한 탓이었다. 박물관에, 스키 레저타운에, 빚의 규모가 자그마치 360억 엔(약 3,400억 원)이나 되었다. 영화제는 간신히 명맥을 유지해가게 되었으나 저 천문학적 규모의 빚을 20년에 걸쳐 주민이 갚아야 되는 구조여서, 영화제 중흥기만 해도 12만 4천 명에 이르던 인구가 1만2천 명이 되도록 대규모 엑소더스가 진행되고 있다고 한다. 시는 시대로 온갖 자구책을 마련 중이다. 그 가운데 유바리의 파산 과정을 소개하는 자아비판형 관광 상품 '유바리 다큐멘터리 투어'까지 개발해 지자체 관계자 등을 유치하고 있다고 하니, 새삼스럽게 함평의 에어돔을 다시 떠올려보게 된다.

"실패의 아픔을 팝니다"
유바리의 빛과 그림자

설국(雪國)의 섬 일본 홋카이도[北海道]의 중심 도시 삿포로[札幌]에서 차로 1시간 30분 거리쯤에 있는 유바리[夕張]는 한창 시절에는 탄광 24개, 인구 50만 명에 이를 정도로 번영을 누렸던 유명한 탄광촌이었다. 그러다가 석탄산업의 사양화로 1959년 석탄광업 합리화정책 대상지가 되어 탄광들이 차례로 문을 닫으면서 사람들이 떠나가자 점차 쓸쓸한 폐광 마을로 퇴락해갔다. 그러나 마지막까지 마을을 떠나지 않기로 결심한 주민들의 마음은 비장했다. 지역 특산물이던 멜론 농업을 육성하여 '멜론축제'를 열었다. 유바리의 멜론은 속살이 붉고 단물이 많아, 생과일은 물론 빵과 초콜릿, 캐러멜, 아이스크림 등으로 가공한 제품도 인기가 높았다. 유바리는 동시에 깨끗하고 아름다운 친환경 자연을 배경으로 '꽃축제' '단풍낙엽축제' 등을 열면서 관광객을 불러들였다.

눈이 많은 지역의 특성을 살려 스키장을 중심으로 휴양지 리조트 시설과 스키 시설도 늘렸다. 영화제도 만들었다. 스키장과 영화제를 결합시킨 프랑스의 아보리아즈 판타스틱영화제를 벤치마킹, 몇 년의 준비 끝에 영화제를 개최하는데 그것이 1990년의 제1회 '유바리국제판타스틱영화제'였다. 홋카이도 골짜기 탄광마을에서 겨울이 채 끝나기 전에 펼쳐지는 설국의 판타스틱영화제는 말 그대로 환상이었다. 곳곳에 주민이 만들어 세운 눈사람의 미소와 어울려, 유바리 자체가 판타지의 주인공이 되었다. 특히 작은 마을의 시내 곳곳을 장식한 〈누구를 위하여 종은 울리나〉 〈로마의 휴일〉 〈사운드 오브 뮤직〉 〈애수〉 〈태양은 가득히〉 같은 흘러간 추억의 영화 간판들은 방문객들의 가슴 가득 향수를 불러일으키기에 충분했다.

전 세계 씨네 마니아들 사이에 난리가 났다. 대표적인 인물이 쿠엔틴 타란티노 감독이다. 1993년 〈저수지의 개들〉로 유바리국제판타스틱영화제에서 그랑프리를 수상함으로써 이 영화제를 전 세계에 알렸을 뿐만 아니라 10년 뒤 연출한 영화 〈킬빌〉에서는 '고고 유바리'(Go! Go! Yubari)란 이름의 강렬한 여자 조연 캐릭터를 설정해 유바리에 대한 뜨거운 애정을 바쳤다. 대만의 허우샤오시엔 감독은 〈밀레니엄 맘보〉를 유바리 현지 로케로 촬영했다. 우리나라와도 인연이 깊어서 부천국제판타스틱영화제와 자매결연을 맺고 있다. 2002년 곽재용 감독의 〈엽기적인 그녀〉를 그랑프리로 선정한 데 이어 〈목포는 항구다〉(2004), 〈인어공주〉(2005), 〈혈의 누〉(2005) 등 세 편에 3년 연속 그랑프리를 안겨주어 '친한국영화제'라는 별명을 들으며 한국 영화팬들을 대거 유바리로 불러들이기도 했다.

이같은 성원에 힘입어 유바리국제판타스틱영화제는 '아시아에서 가장 매력적인 영화제'란 평을 받으며 산뜻하게 자리를 잡았다. 관광객의 수도 눈에 띄게 늘어갔다. 1980년 연 55만 명이던 관광객 수가 1995년께에는 연 200만 명이 넘을 정도로 폭발적이었다. 그 때가 고비였다. 영락없는 새옹지마 꼴이 되고 만 것이다. 영화제의 뜨거운 열기와 늘어나는 관광객 추세를 지나치게 낙관한 유바리시가 작심을 하고 관광시설 건설에 거액을 쏟아부었다. '탄광에서 관광으로'라는 캐치프레이즈 아래 교통시설과 숙박시설 레저시설 등의 사회간접자본은 물론, 탄광 견문 코스와 박물관 건립 등으로 무려 360억 엔(약 3,400억 원)의 빚을 지게 되었다. 그러나 탄광 코스는 전혀 관광객의 마음을 끌지 못했고, 엎친 데 덮친 격으로 90년대 말부터 세계 경제는 IMF 사태에 휘말리면서 오랜 호황의 시절에 종언을 고하고 말았다.

더욱 어처구니없는 것은 저 천문학적 숫자의 적자가 오래도록 비밀리에 진행되었다는 사실이다. 2003년 10월 나카타 테츠지(中田鐵治) 전 시장이 임기 중 사망하면서 후임에 의해 하나씩 밝혀진 사실은 경악할 만한 것이었다. 나카타 시장의 6년 연임, 24년 임기 동안 계속된 시설 투자가 일부분만 정부의 지원금이었고 나머지는 대부분 금융기관의 차입금이었다. 새 차입금으로 이전 차입금을 상환하면서 분식회계로 포장하고, 그 자료를 토대로 다시 차입하는 악순환이 눈덩이처럼 커진 것이었다.

뒤늦게 해결 방안을 검토해본 유바리시는 2006년 마침내 수습 불능 상태라 판단하고 파산을 선포했다. 공무원을 절반 가까이 감축하고 임금도 30% 이상 줄였다. 둘이 하던 일을 혼자 하게 되었으므로 수당도 없는 야근이 연간 1천 시간 이상 늘었다. 12만으로 늘었던 주민 수도 1만2천으로 줄었다. 시립도서관과 미술관이 문을 닫았고 공중화장실이 철폐됐으며, 버스의 경로우대가 사라졌다. 7개 초등학교와 4개 중학교가 1곳씩만 남긴 채 모두 폐교되었다. 유일한 종합병원인 시립병원이 야간응급실을 폐쇄했고, 외과·산부인과·소아과·이비인후과 등의 진료를 중단했다. 소방본부에서 운영하던 구급차도 절반으로 줄었다. 주민세·자동차세·하수도 요금 등 공공요금이 일제히 오르고, 무료이던 쓰레기 수거료도 유료로 전환되었다.

영화제도 커튼을 내려야 했다. 다행히 영화제를 사랑한 영화인들이 나서서 유바리를 도와주었다. 시즌이 되어도 영화제가 열리지 않는 것을 보고 속내를 알게 된 국내외의 영화인들이 영화제를 살리기 위해 팔을 걷어붙였다. 2007년 큐레이터를 자원한 영화인, 자발적으로 작품을 출품하는 감독, 자원봉사 진행요원 등으로 꾸려진 영화제는 그래서 이름도 '유바리응원영화제(Yubari Support Film Festival)'가 되었다. 2008년부터 영화제 이름은 되찾았으나, 조직위원회(Organizing Committee)를 꾸리지 못하고 영화제 살림을 후원회 성격의 '실행위원회(Executive Committee)'에 맡기고 있는 형편이다.

유바리시는 앞으로도 18년 동안 모두 353억 엔(약 3,334억 원)의 부채를 갚아나가야 한다. 뒤늦게 심기일전한 유바리시는 자구책 마련에 여념이 없다. 시 소유이던 건물 등 각종 재산을 전문경영 주체에 넘겼고, 심지어 의전 차원에서 주고받은 선물이며 개인의 기증품 따위들도 인터넷 경매에 내놓았다. 그 중에는 브라질산 마노·에메랄드·자수정 등 대형 광석 40여 점도 포함돼 있다고 한다. 특히 나카타 전 시장의 잘못된 판단과 과도한 투자로 인한 유바리의 파산 과정을 소개하는 자아비판형 관광 상품 '유바리 다큐멘터리 투어'를 개발해 지자체 관계자 등에게 설명하는 모습은 만시지탄의 아픔이 고스란히 전해지는 대목이다.

우유부단한 시간이 흐르다

고수부지가 말끔하게 본래의 모습을 드러내었다. 공공근로사업을 활용해 무성한 잡초와 수초를 걷어내니 예전의 기산영수 맑은 물이 되살아나는 듯하였다. 시원하게 펼쳐진 수십만 평 고수부지가 그대로 장관이었다.

그러나 축제의 향방은 좀체 결론이 나지 않았다. 반대 견해도 빡빡하였고, 그렇다고 다른 대안이 있는 것도 아니었다. 걱정과 우려가 그저 반대의 근거가 되는 우유부단한 시간이 흘렀다. 어쨌거나 무슨 축제를 열든, 설사 축제를 열지 않는다 해도, 고수부지의 개발과 활용은 쓰레기장이었던 함평천의 이미지를 일거에 불식시키고, 군민의 새로운 휴식공간으로도 더없이 요긴한 방안이었으므로, 더 지체할 이유가 없었다.

우선 중장비로 6km에 달하는 함평천 양안 둔치를 정리했다. 큰 돌과 엉킨 잡초 뿌리들을 걷어내고 트랙터로 흙을 갈아엎은 다음,

어디어디는 체육공원으로, 어디어디는 잔디밭으로, 어디어디는 주차장으로, 또 어디어디는 작물을 심을 수 있도록 농지로 널찍널찍하게 정리를 하였다. 미리 꽃 작물을 경작해두어 익년의 축제 공간을 예비하자는 취지도 바탕에 깔려 있었다. 새로 개간한 농지에는, 함평이 친환경 청정지역임을 강조하는 의미에서 메밀꽃과 유채꽃을 경작하기로 하였다.

함평천지 들판에는 자운영을 심기로 했다. 자운영은 단백질 함량이 많고 소화율이 높아 소·염소 등의 사료로서 단단히 제몫을 맡을 뿐더러, 4~5월 꽃은 꽃대로 꿀을 모으는 밀원 노릇을 톡톡히 한다. 모내기철에 쟁기로 갈아엎으면 그대로 천연비료가 되니 친환경농업의 감초라 이를 만했다. 그러나 당시만 해도 친환경농업은 기왕의 농약과 비료에 의존하는 농업의 대안으로서 인식되지 못하고, 상징적 차원의 실험농업으로 여겨지던 무렵이었다. 친환경농업의 분위기 확산과 농민의 인식 전환이 절실하던 시기였다. 주민 1천여 명을 충북 괴산의 유기농학교에 위탁교육을 하기로 하고 시원자를 모집하였다. 동시에 중앙성부의 자운영 재배 지원 프로그램을 적극 활용하여 가을 추수 전에 함평군 들판 전역에 자운영 씨앗을 파종하도록 적극 권장에 나섰다. 이 설득이 주효하여 자운영 등 천연녹비작물 재배 및 퇴비생산 결과로 대통령상도 받게 되었으니, 함평군이 친환경농업에 얼마나 치열하게 매진했는지 짐작이 되고도 남는다. 나중에는 친환경 국제심포지엄도 열고, 친환경농업 시범지구, 친환경농업 시범마을, 친환경가족농단지, 청정미 생산단지 등 유기농업 지역만 26개소 243헥타아르를 조성하였다.

벌써 8월이었다. 새로 일군 고수부지의 경작지 4만여 평에 늦은 파종을 했다. 이제 봄이 되면 함평천지 들판에는 보라색 자운영 꽃이 비단처럼 펼쳐지고, 함평천 양안에는 노란 유채꽃과 흰 메밀꽃, 갓꽃 등이 멋진 앙상블을 이룰 것이었다. 밤이면 너른 천변에 달빛을 널어놓은 듯 메밀꽃 향기가 흐드러지게 진동을 할 것이었다. 관리는 군청의 직원들이 조를 편성하여 조별로 일정 면적을 맡아 책임지는 방식이었다. 스프링클러에서 뿌려대는 물줄기가 바람에 나부끼며 역광의 햇살과 만나 아스라이 무지개를 일으켰다. 그렇게 늦은 여름의 햇살이 따갑게 땅을 달구고 있었다.

3인으로 이뤄진 최초의 축제 전담반

축제 실무를 총괄할 사람으로 당시 문화공보실의 이철행 계장 (현 함평나비·곤충엑스포 조직위원회 기획부장)이 결정되었다. 뚜벅뚜벅 황소 뚝심에 '성실 챔피언'이라 꼽히던 인물이다. 과묵하고 다소 무뚝뚝한 편인데, 오래 일하기는 두 말 없는 타입이 미더운 법이 다. 늘 말보다 몸이 먼저 움직였다. 이를테면 이런 식이었다. 이철 행 부장은 유난히 인터뷰를 어색해했는데, 몇 차례나 같이 식사를 하면서도 매번 '인터뷰는 다음에 하자'고 미루는 바람에 만나는 기회가 도리어 많아졌더랬다. 그러던 어느날, 아마 엑스포 개장 다음 주쯤으로 기억된다. 서로가 정말 눈코 뜰 새 없이 바쁠 때였 다. 저녁 6시가 좀 넘은 시간, 이부장에게서 엑스포 조직위 사무실 에서 보자고 연락이 왔다. 준비한 자료를 받고, 메모해두었던 질 문 몇 개를 건넸을 때였다. 화장실을 가시는가, 그가 슬그머니 사 라졌다. 그런데 이게 어찌된 일인가, 가타부타 말도 없이 30분이 지나도록 그는 나타나지 않았다. 혹시 무슨 긴급 상황이라도 발생 한 걸까, 옆에 있던 직원에게 물었다. 잠시 생각하던 직원이 씩 웃 으며 대답했다. 곧 오실 거라고. 다시 10분여가 지날 즈음 이철행 부장은 두툼한 옛 서류철 뭉치 몇 다발을 쇼핑백에 담아서 들고 왔다. '소리 없이 움직인다'는 어떤 자동차 광고가 생각났다. 잠깐 의 문답을 기대하고 건넨 간단한 질문지였는데, 대답에 해당되는 두터운 서류철의 해당 부분들이 중간중간 귀가 접혀 있었다. 덕분에 그날 밤을 꼬박 새워 서류철을 일독해야 했다. 씩 웃던 직원의 표정을 알 것 같았다.

축제를 맡게 되는 과정도 두 말 없기가 꼭 그다웠다. 유난히 무덥던 그해 여름, 새벽에 갑자기 신임 군수에게서 호출이 왔다. 기산봉이라고 했다. 눈앞으로 함평천지 너른 벌이 여명 속으로 아득하게 뻗어 있었다. 군수가 함평천을 가리키며 고수부지가 어떻고, 축제가 어떻고, 가족체험장이 어떻고, 브랜드 전략이 어떻고 설명을 해주는데, 요령부득으로 또 두 말 없이 메모만 꼬박꼬박 정리할 따름이었다. 그날 이후로 이철행 계장과 직원 3명은 축제 전담반이 되어, 축제 공부로, 준비로 여름이 어떻게 지나갔는지도 몰랐다.

두 말 없는 '황소걸음'이 축제 전문가로
'함평세계나비·곤충엑스포' 이철행 기획부장

'성실 챔피언' 이철행 기획부장이 업무에 열중하고 있다.

혹여 족집게 무당이나 신통력 있는 스님의 눈에는, 어린 시절 이철행 소년의 얼굴에서 미래 나비축제 총사령관의 운명이 읽혀졌을까. 평생 함평 일대를 떠나지 않을 이 농촌 지킴이 소년에게서 훗날 전국을 통틀어서 몇 손가락 안에 꼽히는 축제 전문가가 되리라는 미래의 직업이 읽혀졌을까. 이철행 소년의 운명은 사주팔자에 그렇게 예정되어 있었던 것일까, 아니면 '북경의 나비 날갯짓에 플로리다에서는 허리케인이 인다'는 나비효과가 그의 인생에도 사주팔자에 없던 날개바람을 불어준 것일까.

'함평세계나비 · 곤충엑스포' 조직위원회의 이철행 기획부장은 함평에서 나고 자랐으며, 고교 3년과 군복무 기간에 잠깐 외지 땅을 디뎌보았을 뿐 오십 평생을 오직 함평천지만 밟고 산 오리지널 토박이다. 광주공고 졸업반 때 취직이 되어 광주에서 잠깐 직장생활을 하다가 "고향 와서 면서기라도 하면서 같이 살자"는 부모님 청에 두 말 없이 보따리를 싸고는 새로 공무원 시험을 준비하여 당신들 원하시는 대로 고향의 면서기가 되었다. 그게 1976년의 일이니 어느덧 공무원 인생 33년이다.

이른바 '맡은 바 소임을 다한다'는 표현은 이철행 부장에게 딱 들어맞는 말이다. 오직 군청과 집에 충실했던 과묵한 중년. 그에게 보도 듣도 못한 '축제 총괄'이라는 직무가 맡겨졌다. 세상 바람 쐬어본 경험으로는 92년 가을에 '선진 농어촌 방문' 프로그램으로 네덜란드, 독일, 스위스를 돌아본 게 전부인 함평 터줏대감이 난데없는 축제 실무 책임자가 된 것이었다. 평소 허튼 너스레나 싱거운 우스갯소리조차 아끼는 성품이었으니, 어찌 보면 축제 분위기와 가장 거리가 멀 것 같은 사람이었다. 그러나 다시 보면 정신없이 복잡한 이벤트 업무를 가장 꼼꼼하게 치러낼 타입이기도 하였다.

이철행 부장 본인도 애당초 왜 그 일이 자기에게 맡겨졌는지 명확한 연유를 알지 못한다. 축제를 맡고 얼마 안 되어 문화공보실에서 산림관광과로 부서를 옮겼으니 단순히 업무부처에 배당된 까닭만은 아니었을 것이다. 아무래도 그의 두 말 없는 기질에 대한 미더움이 아니었을까 짐작된다. 이런 일이 있었다. 전임 군수 시절, 군민의 날 행사 등에 활용할 용도로 군청합창단을 만들라는 지시가 있었다. 이철행 본인은 노래하고는 통 거리가 멀었지만 역시 두 말 없이 합창단을 꾸렸고, 일정을 쪼개어 열심히 연습을 했더랬다. 마침 '전남도민합창대회'가 열려 참가했다가 덜컥 상을 받아버렸고, 그 공로로 군수표창까지 받았더랬다.

하늘 아래 새로운 것 없다고, 사람 한 평생이 다 거기서 거기일 것 같은데, 삶의 갈래는 얼마나 천만 갈래이던지, 그 갈래의 인연은 또 얼마나 가볍고 혹은 무거운 우연으로부터 말미암던지. 이철행 부장의 경우가 꼭 그랬다. 홀연 나비를 만나서 나비를 따라 한 평생을 살아버렸다. 졸지에 호접몽에 엮이어 나비 그림자를 좇아서 10년, 어느 사이 꿈조차 꿔본 적 없는 최고의 축제 전문가가 되어 있었다.

유채꽃으로 제주도와 경쟁한다?

고수부지의 메밀밭에는 파르라니 새 싹이 돋아 올라 훌쩍 키를 키워가고 있었다. 이래저래 정신없던 한 달여가 지나고, 제법 푸르른 잎들이 고수부지를 파랗게 뒤덮어가던 9월 말 어느날이었다. 아뿔싸, 하루아침에 푸르러가던 메밀이며 유채의 자취가 온데간데없이 사라져버렸다. 태풍 '예니'가 쏟아부은 폭우로 애써 경작한 4만여 평 고수부지가 수마에 휩쓸려 자갈밭이 되어버린 것이었다.

메밀·유채 싹이 웃자라면서 잠잠해지던 반대론이 다시 들썩거리기 시작했다. 애먼 축제 타령에 사람들 고생만 시키고 홍수에 다 날려먹었다고, 시골구석 농촌에서 축제는 무슨 축제냐고, 또 대안 없는 쑥덕공론이 고개를 들었다. 긴급 대책회의가 열렸다. 수족관에 메기를 넣어주면 미꾸라지가 긴장하여 폐사율이 현저히 줄어든다던가. 벌써 10월, 시간이 촉박했다. 갑론을박 속에 다행히 논의가 진전을 보이기 시작했다. 천변 부지의 둑을 재정비하고, 배수로와 수변 경계도 단단히 새로 손질을 하기로 하였다. 어떻게 보면 오히려 전화위복인지도 몰랐다. 정작 한창 축제를 준비하던 중에 수재가 발생했으면 어찌하였을까. 미리 물길을 다스려둘 절호의 기회였다.

 메밀은 시기를 놓쳤으니 유채꽃 씨를 재파종하기로 하였다. 축제의 향방도 가까스로 확정을 하였다. '제1회 함평유채꽃대축제', 시기는 어린이날 다음 주인 5월 11일(화)~16일(일)로 잡았다. 보랏빛 자운영과 노란색 유채꽃의 앙상블, 그림이 저절로 그려졌다. 해볼 만할 것 같았다. 스케줄이 잡히자, 준비 일정이 공사별로 꼬리에 꼬리를 물고 정리되면서 갑자기 걸음이 빨라졌다. 남은 기간은 7개월 남짓. 겨우내 프로그램들을 정비하고, 프로그램별 행사장과 관람객의 동선 등을 예상하여 행사장 설계를 뽑는다. 3월부터 제방 인근을 행사용으로 정비하고 축제장 진입로를 개설하고 일부 도로를 재정비한다. 4월에는 행사장과 주차장 등 축제 시설 전반을 마무리한다. 계획대로 된다 해도 빠듯한 일정이었다. 게다가 축제 경험이 전무한 농투성이들의 '맨땅에 헤딩' 스케줄이었으니, 무슨 해프닝이 벌어질지 부닥쳐보기 전에는 아무도 알 수 없는 일이었다.

 참고 삼아 당시 계획했던 '함평유채꽃대축제'의 초안 프로그램을 살펴보면, 초기의 준비가 얼마나 아슬아슬하고 엉거주춤했는지 지금의 '나비축제' 및 '나비·곤충엑스포'와 견주어 절로 웃음이 머금어지는 격세지감을 느끼게 한다.

- ■ 5월 11일(화) : 기념식, 군민 위안잔치
- ■ 5월 12일(수) : 군민 체육대회(씨름, 줄다리기, 족구 등)
- ■ 5월 13일(목) : 함평 한우 투우대회, 쟁기질대회 등
- ■ 5월 14일(금) : 농악 경연대회, 남도 노동요 시연, 국악큰잔치 등
- ■ 5월 15일(토) : 몸집 큰 여자 선발대회, 백일장·사생대회
- ■ 5월 16일(일) : 전국노래자랑

위에 밝힌 프로그램은 초기 브레인스토밍 차원의 것으로 겨우내 새로운 아이디어로 보강·조정을 하면 될 일이었다. 하지만 논의 를 거듭할수록 걱정되는 것은 '유채꽃 = 제주도' 라는 이미지였다. 사람들 사이에 굳어진 '유채꽃 = 제주도' 의 이미지를 넘어서서 '함평유채꽃대축제' 가 흡인력을 발휘할 수 있을까 하는 점이었다. 하필 제주도랑 축제 경쟁을 해야 한단 말인가. 뒤숭숭한 느낌을 버 리지 못한 채로, 그렇다고 딱히 마땅한 대안도 없었으므로, 축제 준비는 예정대로 진행되어갔다. 고수부지의 4만 평 넓은 경작지에 서는 영문도 모르는 유채 싹들이 파릇파릇 돋아나 늦가을의 싯푸 른 하늘빛을 닮아가고 있었다.

나비의 신이 맺어준 절묘한 타이밍

그 즈음이었다. 이석형 군수의 뇌리에 불현듯, 잊고 있었던 한 사 람의 이름이 번개처럼 스쳐지나갔다. '나비박사' 정헌천. "유채꽃 이라면 나비가 아주 환장을 해분당께요." 유채꽃과 나비를 이야기 하던 정씨의 말투가 섬광처럼 뇌리에 떠올랐다. 광주에서 PD 시절 친구의 소개로 만났던 58년 개띠 동갑내기. 눈만 감으면 나비가 보 인다는 사람, 입만 열면 나비 이야기로 날이 새는 사람. 틈만 나면 나비 채집에 나서고, 아파트 베란다에서도 직접 나비를 키우는 사 람. 그동안 모은 나비 표본만도 2백여 종, 여타 곤충 표본까지 3천 여 종, 모두 4만여 점의 표본을 보유하고 있다는 나비박사(여기서 나 비박사는 닉네임. 2007년에 『한국산 나비류의 인공증식 기법 및 유전적 변이에 관한 연구』로 박사학위를 취득하여 진짜 나비박사가 됨). 여러 번 술자리를 같이 하면서 훗날 언젠가는 같이 일을 한 번 풀어보자고 다짐했던 그 사람, 그 정헌천이란 이름이 때마침 떠오른 것이었다.

현 함평군 곤충연구소장을 맡고 있는 정헌천씨는 당시에는 광주에서 외국어학원을 운영하면서, 그동안의 연구 실적과 나비 표본들을 가지고 지방자치단체들을 찾아다니며 '나비 사업'의 가능성을 설득하며 애를 태우던 중이었다. 그런데 지자체들이 '나비의 꿈'을 실감하지 못해서였을까, 아니면 정씨가 정식 생물학 전공자도, 박사학위 소지자도 아니었기 때문이었을까. 반응이 영 신통치 않았다. 나비와 짝이 맞을 것 같은 지역은 모두 찾아가서 설명을 해보았지만, 돌아오는 메아리가 없었다. 그 무렵은 정씨도 슬슬 지쳐가던 시기였다고 했다. 세상에 나비를 알아주는 사람이 이렇게 없단 말인가. 한 자락 호접몽(胡蝶夢)을 펼쳐볼 작은 영지(領地)가 이다지도 없단 말인가. 무릎에서 힘이 절로 빠져나가던 시절이었다. 바로 그 무렵, 함평의 군수로부터 연락이 온 것이었다. 만약 나비의 신이 있어 두 사람을 손잡게 한다면 이보다 절묘한 타이밍이 다시 있었을까.

열흘나비에 눈먼 사내의 호접몽 20년
함평 곤충연구소 정헌천 소장

한순간이었다. 휘황한 아름다움에 눈 빼앗기고 마음까지 온통 까맣게 태워버린 것은. 불가(佛家)에 전해져 내려오는 이야기 중에 '열흘나비'가 있다더니, 단 열흘을 산다는 이 나비, 마지막 날 정오에 태양을 향해 하염없이 날아올라 한순간 화르륵 빛으로 산화한다더니, 그 휘황한 산화의 화광에 한 번 눈 찔린 사람은 넋을 잃고 여생 동안 나비 뒤를 좇게 된다더니. 그날 무등산에서 운명처럼 조우한 게 그 '열흘나비'였을까.

1985년 5월, 아지랑이 나른하던 대학원 시절의 어느 봄날로 기억한다.

함평 곤충연구소 정헌천 소장.

봄 내음에 취해 가볍게 무등산 산행에 나선 길이었다. 철쭉꽃 흐드러지게 불타오르는 무등산 중머리재 산등성이, 잠시 주저앉아 땀을 식히는데, 한 걸음 앞의 붉은 철쭉꽃잎 위에 살포시 내려앉은 검은 나비. 시간이 멈추어 선 듯, 핏빛 붉은 꽃무늬의 스크린 위에서 파르르 떨리던 검은 날개가 열흘나비

처럼 청년 정헌천의 가슴에 낙인이 되어 찍혀버렸다. 나비의 잔영이 눈에 밟혀 더 이상 산행을 계속할 수 없었다. 그 길로 하산하여 도서관을 찾았다. 열람실 구석에서 곤충도감을 열었다. 호랑나비과, 제비나비, 생김새만큼 예쁜 이름이었다. 검은 벨벳 롱드레스를 늘어뜨린 듯한 아아, 열흘나비여.

어려서부터 나비·곤충을 좋아했다. 사냥이 취미이신 아버지를 따라 자주 산속을 누비며 자랐고, 자연의 품에서는 아버지 곁을 떠나 한참동안 나비 뒤를 쫓아다니기도 했었다. 그러나 나비의 운명은 아직 고개를 들지 않았었나보다. 그저 나비가 좋았을 뿐, 생물학에 관심이 없었다. 수학과에 진학해서 대학원까지 다녔다. 그날도 나른한 봄기운에 식곤증을 떨치려고 책장을 덮고 가볍게 산에 오르던 길이었다. 그리고는 그만 열흘나비에 눈이 멀어버린 것이었다.

그때부터 본격적으로 나비의 뒤를 쫓기 시작했다. 일단 가까운 무등산과 지리산 일대를 찾아나섰다. 광주 시내의 대학도서관과 공공도서관에 있는 나비 관련 논문과 자료들도 샅샅이 뒤졌다. 의외로 나비에 관한 자료가 많지 않았다. 비어 있는 부분은 산과 들에서 직접 몸으로 얻어내는 수밖에 없었다. 눈앞에 온통 나비만 팔랑거리니 전공에 마음이 담길 리 없었다. 대학원을 마치고는 전국 곳곳을 뒤지며 나비를 좇았다. 생계를 위해 무등산 인근에 외국어학원을 차렸다. 낮에는 가까운 산야를 누비다가, 해가 지면 학원으로 달려갔다. 주경야독(晝耕夜讀)이 아니라 주접야독(晝蝶夜讀)이었달까. 어느날은 학원이 끝나자마자 자정에 지리산으로 내달리기도 했다. 성삼재휴게소에 등산객을 위해 밝혀둔 조명이 있었는데, 그 불빛을 보고 모여든 곤충과 밤새 씨름을 하곤 했다.

가족들의 불평이 쌓여갔다. 아내가 잠들기를 기다렸다가 몰래 빠져나가는 남편, 나비 삼매경에 빠져 몸도 돌보지 않는 아들, 방 하나는 표본실에 베란다며 거실이며 나비 사육장이 되어버린 아파트. 원성이 점점 높아졌다. 학원 수입도 점점 나비 경비로 기울어 종내는 유치원 교사이던 아내의 월급으로 살림을 꾸려야 했다. 주말의 가족 나들이도 나비 채집을 겸한 산행이었으니, 나중에는 아이들의 불평까지 가세하여 정헌천의 마음은 더없이 안타까웠더랬다. 그러나 마음뿐이었다. 곤충은 종류마다 나오는 시기가 각각 달라서 제 철을 놓치면 고스란히 한 해를 기다려야 했으므로, 정헌천의 몸은 결국 나비와 곤충을 향해 달려갈 수밖에 없었다.

그렇게 10여 년을 나비 꿈에 묻혀 사는 동안, 남한에 있다는 나비 260여 종의 표본 4천여 점과 장수하늘소, 사슴벌레 등 곤충 2,500종의 표본 4만여 점이 차곡차곡 쌓였다. 정헌천의 나비 인생이 조금씩 주위에 알려지기 시작했다. 언론에도 이름이 오르기 시작했다. 환경단체와 공동으로 이벤트 행사도 열었고, 백화점 등지에 나비 표본을 전시하기도 했다. 10여 차례 전시회를 갖는 동안 '나비박사'라는 별명도 생겼다.

지방자치단체를 돌며 사업설명회도 수없이 다녔다. 그러나 나비는 그저 '볼거리'일 뿐이었다. "나비는 살아서는 이벤트, 죽어서는 전시관"이라

고 아무리 설득해도 섣불리 사업으로 연장하여 생각하려는 사례가 없었
다. 메아리 없는 가파른 등산에 지쳐갈 무렵이었다. 친구가 KBS에서 일
하는 이석형 프로듀서를 소개해주었다. 몇 차례의 술자리를 같이 하면
서 자연스레 의기투합이 되었다. 훗날 기회가 된다면, 한 번 뜻을 모아
보자고 막연한 다짐을 했더랬다. 마른 다짐을 하던 젊은 날의 두 사람
은, 그 다짐이 훗날의 운명을 예비하는 안배였음을 알고나 있었을까. 뜻
이 사무치면 그 간절함으로 뼈에서도 살이 돋는다는 이적을 알고나 있
었을까.

 몇 년 만의 해후인가. 함평천 고수부지에 들러 유채 경작지와 축
제 예정지를 살펴본 두 사람은 선술집을 찾아 묵은 회포를 풀었다.
두 사람의 마음이 흡사 적벽대전을 앞둔 촉오(蜀吳) 연합군의 군사
(軍師) 제갈공명과 주유 같았으리라. 양자강 수평선을 가득 메운 조
조의 백만대군을 물리칠 계략을 동시에 써내기로 한 공명과 주유
의 손바닥에는 약속이나 한 듯이 '火(불 화)'자가 씌어 있었다. 선
술집에서 부딪치는 두 사람의 잔 위로는 약속이나 한 듯이 '나비축
제' 네 글자가 불빛에 아롱아롱 흔들리었을 것이었다. 단박에 의기
투합한 두 사람, 다음해 어린이날 기산영수 유채꽃밭 위로 나비 10
만 마리를 날려보자고 건배마다 다짐을 거듭했더랬다. 그렇다고
도깨비감투처럼 난데없는 낙하산 인사를 할 수도 없었으니, 믿을
것은 마음뿐. 그렇게 두 사람 기산영수 푸른 들에서 마음을 묶었으
니, 그렇게 호접몽에 젖어서 나비 날개 위에 마음을 묶었으니.

냉장창고에 나비를 보관하다

임기를 걸고 설득에 나서다

정헌천씨는 돌아가는 길로 즉시 외국어학원도 걷어치우고 짐을 꾸려 함평으로 거처를 옮긴다. 어머니의 고향 함평이 자신의 꿈의 터전이 될 줄이야. 아귀가 맞으려니까, 때마침 농촌지도소가 농업기술센터로 이름을 바꾸어 이사를 가는 바람에 건물과 시설이 놀고 있었다. 그해 11월 함평군은 농업기술센터 기술보급과 내에 곤충연구담당 업무를 신설하여 산하 곤충연구소를 설립하고, 임시계약직으로 정씨를 연구소장에 임명한다. 정헌천 소장은 구 농촌지도소 건물을 곤충연구소로 정비하고, 2층에 평생 모아온 나비·곤충 표본 3천여 종 4만여 점을 전시한다. 마당 한켠에는 50평 규모의 유리온실(나비 부화 및 생육 시설)과 200평 규모의 비닐하우스(나비 먹이식물 재배용)도 설치했다. 이제 죽으나 사나 '나비축제'를 성공시키는 일만 남았다. 평생 호접몽 한 자락 펼쳐보는 것이 꿈이었는데, 메아리 없는 프리젠테이션으로 심신이 파김치가 되어가던 무렵에 임시직일지라도 처음으로 뜻을 펼쳐볼 기회가 생겼으니, 그 꿈을 꽃피우지 못하면 어찌 눈인들 편히 감을 수 있을 것인가. 배수진의 각오가 비장도 했더렸다.

그러나 비장한 호접몽이 채 날개깃을 펴기도 전에, 한쪽에서는 거센 반대의 해일이 일고 있었다. 이석형 군수가 '나비축제' 제안을 하자 군청에서는 물론, 군의회와 읍·면 단위까지 군민들이 발칵 뒤집혔다. 어렵사리 간부회의는 통과를 했지만, 군민의 반발이 예상보다 거셌다. '일 좀 해보라고 젊은 군수 뽑아주니까 아주 망해 먹으려고 작정을 해부렀어야', '유채꽃 축제 헌다더니 새시로 난데없는 나비가 다 뭐시여?', '함평하고 나비하고 먼 상관이 있다냐?', '이 촌구석에 누가 구경을 오간디?' 등등은 이석형 군수가 직접 들은 비판의 말들이다. 메밀이나 유채꽃까지는 축제가 실패하더라도 기름 짜고, 사료나 퇴비로 활용할 수 있다는 측면에서 이를테면 '두부 아니면 비지' 비슷한 심정적 여유가 있었던 셈이지만, 나비는 경우가 달랐다. '그걸 뭣에 쓴당가' 라는 식의 바로 그 '마인드의 벽'에 부딪친 셈이었다. 함평은 어르신 비율이 높은 전국 최장수 마을 아니던가. 게다가 하필이면 겨울의 초입에 '나비타령'이었으니 계절의 불일치까지 제대로 방해가 된 셈이었다.

이석형 군수는 "임기를 접을 각오로 매일 설득을 하고 다녔다"고 당시의 상황을 회상한다. 엄동설한 칼바람을 헤치고 가가호호 방문에, 축제 예정지며 곤충연구소 표본실 등으로 사람을 안내하면서 설득을 계속했다. 먼저 군의회 의장이 어렵사리 동의를 한 다음, 같이 설득에 나서 큰 힘이 되어주었다. 임기를 걸고 꿋꿋하게 설득하는 모습에서 군민들의 기세도 한풀 꺾이었다. 지역신문들도 호기심 반 기대 반으로 호의가 담긴 기사를 써주기 시작했다. 기사를 접한 군민들의 자세도 바뀌어갔다. 그렇게 2월이 다가올 무렵에야 가까스로 지역의 반대 여론을 잠재울 수 있었다.

없는 나비 10만 마리를 어디서?

나비축제의 성공 가능성을 설득하는 과정에서, 정헌천 소장은 정 소장대로 군청으로 군의회로 나비 설명회를 하러 불려다니느라 정신없이 바빴다. 그 와중에 군민 앞에 '나비 10만 마리'를 공약한 셈이 되었는데, 사람들 눈에 살아 있는 나비라고는 한 마리도 보이지 않았다. 사실 준비된 나비는 한 마리도 없었다. 그걸 두고 '도대체 나비가 어디 있다는 거시여?' 운운하며 또 말들이 많았다. 사실 나비박사에게야 여반장 같은 일이었겠으나, 나비에 대한 상식이 거의 없다시피 한 함평 군민들에게 나비 10만 마리를 그 짧은 시간에 어디서 잡아올지 여부는 여간 궁금한 일이 아닐 수 없었다.

벌써 2월, 그렇지 않아도 나비를 준비해야 할 시간이 성큼 다가오고 있었다. 정헌천 소장은 나비사육용 하우스에 유채와 배추, 케일 등 먹이식물을 심었다. 군청은 군청대로, 고수부지에 파종한 유채의 모종을 읍면 각지에 옮겨 심도록 희망농가의 신청을 받았다. 원리는 간단했다. 나비는 먹이식물이 있는 곳에 알을 낳고, 그 알에서 애벌레가 부화하여 먹이식물을 먹고 자라고, 번데기로 다시 나비로 몸을 바꾸며 훨훨 한 세상을 살아내는 것이었으므로. 함평 천지 너른 들을 유채꽃 천지, 나비 천지로 만들고 싶었다. 함평 땅 구석구석을 황홀한 나비의 날갯짓으로 재우고 싶었다.

자, 가자. 이제 나비를 구하러. 그런데 엄동 한겨울에 없는 나비를 어디서? 단순한 이치였다. 얼음이 녹으면 나비가 오는 법. 가장 먼저 얼음이 녹는 곳, 우리나라에서 가장 먼저 봄이 찾아오는 곳, 가장 먼저 나비가 나타나는 곳은 바로 제주도였다. 2월 말쯤 곤충연구소 직원들과 함께 제주도로 건너갔다. 그러나 막상 도착하고 보니, 제주도는 넓고 황량했다. 겨울의 자취가 채 가시지 않은, 이른 봄이었다. 어딘가 볕 좋은 들판이나 오름 양지쪽에는 나비가 날고 있을 터이지만, 그게 어디란 말인가. 겨우 며칠 동안의 출장기간에 넓은 제주 땅을 차례로 다 뒤질 수도 없는 노릇이었다. 더구나 나비는 오후 4시께가 되면 움직임을 멈추기 때문에 정헌천 소장의 마음은 더욱 절박하였다.

  볕이 좋아 보이는 곳부터 나비를 찾아나섰다. 몇 군데 구역을 정하고 마을 인근부터 들판과 오름을 차례로 훑었다. 조바심에 점심도 거른 채 발걸음을 채근했지만 나비는 쉽사리 얼굴을 보여주지 않았다. 명치 끝이 발갛게 타들어가는 것만 같았다. 이대로 나비를 구하지 못하고 빈손으로 돌아가게 되는 것은 아닐까. 그러면 어렵게 설득한 함평 사람들의 얼굴을 무슨 낯으로 대한단 말인가. 자책감에 잠자리마저 뒤숭숭하던 출장의 끝 무렵, 운명의 나비, 나비가 드디어 모습을 보였다. 공항이 가까워서 맨 뒤로 돌려놓았던 곳, 북제주군 애월읍 인근의 양지바른 밭에서 마침내 나비를 만날 수 있었다. 배추흰나비의 먹이식물인 양배추 집단재배 지역이었다. 농민 입장에서는 나비 애벌레가 배추농사를 망치는 해충이었으니 나비 채집을 마다할 리가 없었다. 요행히도 마을에서 왕오색나비도 건졌다. 왕오색나비의 먹이식물이 바로 제주의 대표적인 동구나무인 팽나무였던 것이다.

알아두면 좋을, 나비에 관한 여러 가지 것들
나비 한 살이

나비에 취미가 있거나 특별히 관심을 갖고 살펴본 사람이 아니면, 사람들은 의외로 나비에 대하여 잘 알지 못한다. 우리 주위에 가까이 있고, 외양도 익숙하고 친화적으로 느껴지는 정도에 비하면 더욱 그렇다. 막간을 이용하여 나비에 대하여 알아두면 좋을 몇 가지 상식을 알아보자.

먼저 '나비'라는 이름은 날갯짓의 모양에서 유래했을 것으로 추정되는

나비의 날개를 형상화한 함평 곤충연구소 건물 모습.

데, 『두시언해』(杜詩諺解, 1481년) 『훈몽자회』(訓蒙字會, 1527년) 등에 나비, 나뵈 등으로 표기되다가 조선 후기에 이르러 '나비'로 정착

되어 오늘날까지 표준말로 쓰이고 있다.

나비는 분류학적으로 절지동물문 곤충강 나비목에 속한다. 절지동물은 개미, 가재처럼 몸에 마디가 있는 동물을 이른다. 알-애벌레-번데기-어른벌레(성충)의 변태기를 거치는 완전탈바꿈 곤충이다. 날개에 비늘(인분, 鱗粉)이 있어 다른 곤충과 확연히 구분되는데, 이 비늘가루 덕분에 이슬이나 물에 젖지 않아 '인시류(鱗翅類 : 비늘날개를 가진 부류)'로 불리기도 한다. 전 세계에 2만여 종이 살고 있고, 우리나라에서는 268종이 학계에 보고되어 있다.

나비는 2개의 더듬이와 6개의 다리, 4개의 날개를 사시고 있다. 다리 끝에는 날카로운 발톱이 달려 있어서 나뭇잎이나 가지를 붙잡을 수는 있으나 걸어다니지는 못한다. 예외로 네발나비과의 나비들은 앞다리 두 개가 퇴화하여 짧아져서 전혀 쓰지 못한다. 빨대 모양으로 생긴 입은 꿀을 빨기에 매우 유리한데, 평소에는 시계태엽처럼 말아서 세 마디의 아랫입술 속에 넣어둔다. 눈은 2만여 개의 낱눈으로 구성된 두 개의 겹눈과 소수의 홑눈으로 이루어져 있다. 호흡은 배에 있는 숨관(기문, 氣門)으로 한다.

특히 나비는 한살이 유형과 월동 방식 등이 다양해서, 이 부분에서 다소간의 혼동이 빚어지고는 한다. 예컨대 거꾸로여덟팔나비는 봄과 여름에

크기와 무늬가 조금 다른 모습으로 두 번 발생한다. 분류학이 발달하기 전에는 별개의 나비로 분류했었는데, 사실은 하나의 종이면서 서로 다른 계절형이 있는 것이다. 계절 변화가 심한 우리나라 기후 때문에 생긴 현상으로, 홍점알락나비, 흰점팔랑나비 등도 1년에 두 차례 계절형이 발생하는 종들이다. 그에 비해 호랑나비, 제비나비, 흰나비, 노랑나비, 왕나비 따위는 한 해 3차례 이상 계절형이 발생하는 생명력을 보여준다. 반대로 뿔나비, 상제나비, 번개오색나비, 금빛어리표범나비, 유리창떠들썩팔랑나비 등은 1년에 단 한 번만 발생하여 다시 이듬해를 기약한다.

겨울을 나는 방법도 제각각이다. 뿔나비, 남방노랑나비, 네발나비, 청띠신선나비 등은 성충의 나비 모습 그대로 겨울을 난다. 눈 틈 낙엽 사이에 살며시 접혀 있는 나비를 보았다면 그 나비는 얼어 죽은 것이 아니라 겨울잠을 자고 있는 것이다. 부전나비과의 나비들은 대부분 알로 겨울을 나고, 상제나비와 노랑나비, 은판나비, 팔랑나비 등은 애벌레로 월동한다. 모시나비류나 표범나비류는 그때그때 상황에 따라 알 혹은 애벌레로 겨울을 지낸다. 호랑나비과와 흰나비과는 대부분 번데기로 월동한다. 일조량이 맞으면 월동을 끝내고 바로 나비로 우화할 수 있으므로, 이들 나비들이 이른 봄에 제일 눈에 잘 띄게 되는 것이다.

나비와 나방은 분류학적 관점으로는 같은 무리로 다룬다. 묘하게도 우리나라에서는 명확히 구분을 하는 편이고, 프랑스 같은 경우는 둘 다 '빠삐용 Papillon'으로 통칭할 정도로 구분에 의미를 두지 않는다. 그래도 나눠보자면 나비와 나방은 몇 가지 분명한 변별점을 보여준다. 일단 나비는 낮에, 나방은 밤에 주로 활동한다. 그래서 나비는 시각이, 나방은 후각이 발달했다. 나비의 패션이 훨씬 화려한 것도 같은 이치다. 앉는 모습도 다르다. 나비는 앉을 때 날개를 접고, 나방은 편 채 앉는다. 날개의 비늘도 나비의 것은 잘 떨어지지 않는데, 나방은 비늘가루가 쉽게 떨어진다. 밤에 불을 보고 날아드는 '부나비'도 엄밀히는 '부나방'이라 해야 옳다. 나방이 나비보다 종류가 10배 이상 많다 하니, 적응력에서는 나방이 나비보다 한 발 앞서서 잘 살고 있는 건지도 모르겠다.

냉장창고에 나비를 보관하다

이제는 본격적으로 나비를 양산할 차례였다. 제주에서 데려온 나비 암컷 100여 마리를 온실에 풀어넣었다. 나비는 종류별로 좋아하는 먹이식물이 제각기 다 다른데, 배추흰나비는 주로 십자화과 식물을 좋아한다. 무, 배추, 양배추, 유채, 케일 따위가 다 십자화과 식물에 속한다. 정헌천 소장이 제주로 떠나기 전에 온실에 키워둔 작물이 바로 십자화과 식물들이었다. 부랴부랴 팽나무 화분도 구해서 넣어주었다. 적당한 온도와 풍성한 먹이를 만난 나비들은 바로 번식 활동을 시작했다.

10만 마리의 나비는 계산상 이렇게 만들어진다. 나비 암컷 한 마리가 낳는 알의 수는 대략 100~200개, 암수 비율이 50% 안팎이니 한 번의 번식으로 50~100마리의 암컷 나비가 태어난다는 계산이 나온다. 알에서 성충 나비가 되는 '나비의 일생' 주기도 중요한데 우리나라의 대표종 배추흰나비는 성충이 되기까지, 섭씨 25도의 온실에서 알을 깨는 데 1주, 애벌레 3주, 번데기 1~2주, 모두 합해서 대략 35일 안팎이 걸린다. 여건에 따라 성질 급한 녀석은 20일 정도면 날개를 펴는 개체도 있다. 반면 청띠신선나비는 8개월 정도를, 황모시나비는 2년여를 살기도 한다니, 저 나비들로 엄동설한 10만 마리는 꿈도 못 꾸었을 것이다. 역설적이게도 배추흰나비와 왕오색나비가 초대 나비축제의 주인공이 된 이면에는 오히려 한살이가 가장 짧은 '단명'이라는 점이 전화위복으로 작용한 셈이다. 그렇게 나비를 두 번 우화(번데기를 벗고 나비가 되어 나오는 것)시키는 데 꼬박 두 달이 걸렸으니, 제주도 출장으로부터 축제 개막식에서 나비떼를 날려보내기까지가 얼마나 아슬아슬한 일정이었는지는 가슴을 졸여본 사람들만이 알 일이었다.

그런데 예기치 않은 문제가 발생했다. 기적적으로 10만 마리는 넉넉히 넘기게 되었는데, 살아 있는 나비라는 것이 박제표본 전시하듯 한날한시에 진열대에 좌악 깔리는 것이 아니었다. 배추흰나비 성충의 수명은 자연 상태에서 3주일 정도, 온실에서는 1주일 정도에 불과했다. 번데기에서 우화하는 날짜가 개체마다 달라서 1주일 먼저 나오는 녀석도 있고, 1주일 늦는 녀석도 있으니, 정작 축제를 시작하기도 전에 생명을 다하는 녀석들을 어찌해야 할 것인가에 생각이 미쳤다. 먼저 나온 나비가 먼저 죽어버린다면? 이 문제를 어떻게 해야 할 것인가. 학계에 보고된 방식도 이렇다 할 것이 없었다. 전전긍긍 모자란 시간은 강물처럼 흘렀다.

그러다가 퍼뜩, 한 생각이 머리를 스쳤다. 생명이란 신진대사의 결과이니, 신진대사가 활발하면 빨리 성숙하고 또 빨리 늙는 것이고, 신진대사를 늦추면 성장도 노화도 늦추어질 것 아닌가. 그래, 온도를 낮추어보자. 나비의 신진대사를 잠시 멈추어보자. 마침 구 농촌지도소의 농작물 보관 창고는 냉장 시설을 갖춘 건물이었다. 나비들을 일정 마릿수로 나누어 투명 플라스틱 박스에 담은 뒤 창고에 차곡차곡 쌓아 넣고 온도를 12~13도에 맞추었다. 직원들 사이에서 환호성이 터져나왔다. 예상대로 나비들이 동작을 멈추고 겨울잠을 자듯 가지런히 앉아 있었다. 시나브로 함평이 걷는 길이 나비 역사의 새 길이 되고 있었다.

냉장 보관기법은 일석이조의 효과를 선물해주었다. 가뜩이나 부족한 일손을 표본 제작에 돌릴 수 있게 된 것이었다. 이야기를 전해들은 지인의 제자 고등학생들이 자원봉사로 나섰다. 그렇게 모인 아마추어들이 며칠씩 밤을 새워가며 모두 3천 종, 개체 수로는 3만 마리에 달하는 축제용 나비 표본을 만들었다. 표본 전시관을 꾸리는 한편으로, 함평천 고수부지에는 비닐하우스로 250평 규모의 나비생태관을, 행사장 안에는 50평 규모의 유리온실 생태관을 만들었다. 온실 안에 먹이식물인 유채로 꽃밭을 꾸미고 나비 알과 애벌레, 번데기들을 옮겨두었다가 관람객들이 나비가 자라고 우화하는 모습을 직접 관찰할 수 있게 하는 프로그램이었다.

전원공격 · 전원수비의 토털 홍보

    우여곡절 끝에 표본 전시관에 생태관, 그리고 개막식의 '나비 날리기'에 소요될 나비를 준비하는 한편으로, 호랑나비 · 부전나비 등 기타 종류의 나비는 기본 마릿수 전략으로 가기로 하고 1만 마리 정도를 한국나비학회 등에 의뢰했다. 온실에서 나비들이 부지런히 식구를 늘려가는 동안, 다른 파트에서는 축제 공간을 만들고 프로그램을 준비하느라 정신이 없었다.

    나비축제 이야기를 처음 꺼낸 것이 98년 10월 말, 어렵사리 군청 간부회의를 통과한 게 11월, 그리고는 본격적으로 반대 여론을 설득하느라 동지섣달 짧은 해가 기산영수 봉우리를 빠르게도 넘어갔다. 안팎의 분위기가 이러하였으니, 초보 아마추어들의 축제 준비 상황이란 것이 보지 않아도 뻔한 노릇이었다. 해가 바뀌도록 나비축제 프로그램은 지난해 10월의 '함평유채꽃대축제' 수준에서 제자리 걸음을 하고 있었다. 반대 여론의 위세에 눌려, 1월 중순까지만 해도 도리어 나비축제의 행사 일정이 5월5일(수)~5월8일(토)까지 4일간으로 짧아지는 상황이었다.

모습을 드러내는 축제 프로그램

    반대 여론이 잦아들던 1월 중순 무렵부터 늦으나마 본격적인 프로그램 점검이 시작되었다. 군청 부서별로는 '수요토론회'를 통해 각종 아이디어들을 모았다. 읍면 회의에서 수렴된 이야기들도 아

1회 나비축제 때 선보인 소싸움. 함평은 240년 전통을 자랑한다.

울러 검토했다. '나비아가씨 선발대회', '나비의상 패션쇼', '나비연날리기대회' 등등 '나비' 하면 제1감으로 떠오르는 상투적인 아이디어들이 많이 제기되었다. 한편으로 '전통결혼식', '함평 천지 소싸움 대회', '소울음소리 흉내내기 대회', '소고기 먹고 큰소리 지르기 대회', '대장간 시연장', '허수아비전' 처럼 가장 시골스럽고 함평스러운 제안들도 많았다.

상투를 버리고 친환경과 전통문화를 주 콘셉트로 가기로 결정이 되었다. 아무래도 나비축제의 하이라이트는 '나비 날리기' 였다. 배추흰나비 · 왕오색나비를 주종으로 25종 2만 마리를 날리기로 계획을 확정했다. 유리온실과 비닐하우스 3백 평에는 나비생태관을, 그리고 군민복지회관에는 나비 · 곤충표본전시관을 꾸몄다. 대략 3천 종, 3만 마리의 나비 · 곤충 표본과 3백여 점의 나비 우표를 준비하였다. 뜬금없는 나비아가씨 선발대회는 제외되었다. 나비의상 패션쇼는 준비하는 데 비용이 너무 많이 들어 논외였고, 연날리기는 아지랑이 나른한 봄날과는 아무래도 어울리지 않았다.

대신 함평군 엄다면에서 전승되어온 남도 노동요(전남 무형문화재 제5호)를 전진 배치하고, 판소리와 농악 · 풍물 등 함평의 일상 속에 녹아 있는 전통문화들을 주 레퍼토리로 구성키로 하였다. 전야제에는 풍년기원제와 함께 '기산봉―수산봉―고산봉―속금산' 으로 이어지는 봉화 횃불 행사도 준비했다. 함평은 조선시대의 '긴급 초고속 통신망' 인 봉수제(烽燧制) 가운데 전라 · 충청쪽 라인인 '제5대라인'의 전라 지역 요충으로, 제5대(臺) 봉화는 순천 돌산도에서 시작해 장흥-강진-나주-함평-영광을 거쳐 서울 목멱산(木覓山) 봉화대로 이어졌다. 이날의 행사는 실제 봉화의 재현이라기보다, 나비축제 행사장을 둘러싼 동서남북의 네 봉우리에 횃불을 밝혀 주민들과 대동의 기쁨을 함께 한다는 의미를 담고 있었다.

군내 주민들이 보유하고 있는 자원들도 적극 추천을 받았다. 반달곰 12마리를 키우는 집이 있었고, 타조농장도 있었다. 쟁기·물레·사모관대 등 전통 향토유물을 수집해 보관하고 있는 사람도 있었다. 자연스레 '반달곰·타조 전시관'과 '향토 유물 전시관'이 꾸며졌다. '솔선수범', '총력전', '최소비용의 원칙' 위에 '참여형 축제'라는 캐치 프레이즈가 추가되었다. 축제 방문객들이 직접 참여하고 즐기는 참여형 프로그램 쪽에 비중을 두기로 했다. 소·염소·토끼·거위 등 가축들을 모아서 도시 어린이들이 고향을 몸소 느껴볼 수 있도록 '향토 가축 체험장'으로 운영하고, '벌꿀 채밀 체험장'도 열기로 했다. 한쪽에는 '나비도예 학습장'을 꾸려 방문객들이 직접 도자기를 빚어보는 자리도 마련했다.

소싸움에 나설 소와 가축 체험장에 쓰일 가축들을 소집했다. 전통결혼식은 다행히도 때마침 결혼을 준비하던 두 쌍의 부부가 있어서 쉽사리 해결이 되었는데, 오히려 손쉽게 생각했던 싸움소가 나서지 않아 애를 먹어야 했다. 그리고 이 즈음부터 이석형 군수의 오랜 방송 경력과 네트워크가 굵직한 역할을 맡고 나섰다. 〈KBS 전국노래자랑〉과 〈KBS 토요마당〉 생방송, 어린이날 기념 녹화방송 등을 나비축제 현장으로 유치하고, 3월 이후부터 본격적으로 펼치기 시작한 축제 홍보에도 방송망이 제 역할을 하기 시작한 것이다.

전원공격 · 전원수비의 토털 홍보

천신만고 끝에 축제의 꼴이 갖춰지기 시작하였지만, 겨우내 경황 없는 와중에 반대 여론 설득하랴, 맨땅에 헤딩하듯 프로그램 아이디어 길어올리랴, 나비며 유채꽃이며 관리하랴, 3월도 중순이 넘어가도록 정작 페스티벌 비즈니스에서 가장 중요한 홍보 · 마케팅은 시작다운 시작도 안한 상태였다. 비상이 걸렸다. 공무원 총동원령이 내려졌다. 모두가 홍보 요원이 되어야 했다. '전원 참여 · 전원 책임'이라는 함평군의 캐치 프레이즈가 마치 '전원 공격 · 전원 수비'를 주창한 네덜란드 토털 사커를 보는 듯하였다.

첫 나비축제의 홍보는 광주를 중심으로 하여 전라남도 일대를 주 타깃으로 삼았다. 홍보일정 자체가 워낙 촉박하였거니와, 첫 축제의 준비 과정이 워낙 아슬아슬하기도 하였고, 무엇보다 나비 축제라는 미증유의 상품이 어느 정도 가능성을 내포한 것인지 전혀 짐작할 수 없었기 때문이었다. 심지어 "어린이날 연휴에 함평 사람들을 다른 지역으로 빼앗기지만 말자"는 소극적 주장이 나오기도 했다. 그만큼 사람들의 심정은 절박하면서도 불안과 긴장 그 자체였다.

홍보는 대략 세 갈래로 추진되었다. 이석형 군수의 네트워크에 힘입은 신문 · 방송 보도, 광고탑 · 현수막 · 애드벌룬 따위의 야외 광고, 그리고 지연 · 학연 · 혈연을 총동원하여 몸으로 뛰는 연고 마케팅. 세 번째 방식은 묘한 성격을 품고 있었다. 강요나 강제로는 억지 시늉을 시킬 수 있을 뿐 결코 효과를 얻을 수 없다는 특성이다. 그런데 아무도 예상치 못한, 놀라운 일이 벌어졌다. 사람들이 자발적으로 연고 마케팅에 열을 올리기 시작한 것이다. 광주에 거주하는 직원들은 몸소 자기가 사는 아파트 단지에서 집집마다

제1회 나비축제 홍보에 나선 함평 주민들.

찾아다니며 팸플릿을 돌렸다. 전국 초·중·고등학교에 팸플릿과 공문을 보냈고, 광주 주재 학교는 전 직원이 아침 등교 시간에 맞추어 지켜서서 팸플릿을 돌리며 홍보를 했다.

뿐만 아니라, 개인적으로도 친지와 지인들에게 전화·이메일에 방문 설득까지 스스로도 영문을 알 수 없는 열정이 솟구쳐 오르더라는 것이었다. "동창이며 친척이며 일일이 연락처를 알아내서 전화를 해부렀당게요", "서울 올라간 사람들헌티까지 나비축제 꼭 댕겨가라고 몇 번씩이고 다짐을 해부렀응게라", "전화비만 몇 십만 원 나왔을 것이요"…. 인터뷰한 사람들 모두가 이구동성이었다. 심지어는 흡사 피라미드 사업 비슷하게, 주위 친지와 지인들에게 제 돈 들여서 술까지 사주면서 연고 마케팅을 해달라고 부탁을 하고 다녔다는데, 이게 한두 사람의 이야기가 아니었다. 어느덧 공무원과 주민 사이의 경계가 녹아내리며, 무슨 알레르기가 봄바람을 타고 전염되듯, 함평 사람들이 너도나도 나비축제 홍보의 열병을 앓았더라고 했다.

전원공격·전원수비의 토털 홍보 와중에 광주 신세계백화점에서 나비축제에 관심을 보였다. 나비·곤충 홍보전시관을 운영해주겠다는 제안이었다. 나비축제의 홍보 노릇을 겸하여, 백화점에게는 멋진 꿈의 이벤트가 되는 전형적인 '윈윈모델' 그것이었다. 4월 5일~18일 2주 동안 신세계백화점에 홍보관이 마련되어, 나비표본 5과 150종 70상자에 곤충 30과 40상자, 나비그림 30점과 생태사진

20점 등이 광주 손님을 맞
았다.

나비장식의 머리띠와 페이스페인팅을 한 소녀.

허겁지겁 홍보·마케팅
열병치레를 하는 와중에
새로운 문제가 또 발견되
었다. 함평천지 꽃들판에
나비가 수십만 마리 날아

다닌다 해도, 명색이 잔치 아닌가. 잔치 분위기 조성에 필요한, 사
람들을 흥겹고 들뜨게 하는 그 무엇이 필요했다. 또 아이디어를 모
았다. 함평천 행사장과 마주보는, 민둥산인 수산봉 동쪽 사면에 철
쭉꽃으로 초대형 나비동산을 만들기로 했다. 도로변 들판에도 꽃
잔디와 팬지 등 꽃무덤으로 거대한 나비 문양을 내었다. 축제 기간
동안 행사장 주변 하늘에는 경비행기와 비행선, 패러글라이드 등
을 띄우는 방안이 채택되었다. 나비 모양의 애드벌룬과 에어 아치
따위들도 띄워 올리기로 했다. 나비 애드벌룬 안에는 전구를 넣어,
밤이면 어두운 시골 하늘에 나비등이 달처럼 떠오를 것이었다. 나
비 스티커도 만들었다. 나비 그림 페이스페인팅 프로그램도 추가
되었다. 함평읍 일대의 담장과 관내의 버스·택시에도 나비 디자
인을 입히기로 했다.

그리고 기념품. 뒤늦게 나비 디자인의 기념품을 찾아 나섰는데,
의외로 이렇다 할 것이 없었다. T셔츠와 풍선 등 몇 가지를 새로
만드는 한편으로, 부랴부랴 광주로 서울로, 백화점으로 시장통으
로 나비 기념품을 구하러 담당자를 파견했지만 흡족한 결과를 얻
지 못했다. 어쩌면 그 정도로 나비는 사람들에게 친숙하면서도 오
히려 너무 익숙해서 깜빡하기 쉬운 '어두운 등잔 밑'이었는지도 몰

랐다. 함평군처럼 뒤늦게 축제를 준비한 후발주자에게 '나비축제'를 차지할 기회가 남겨진 것과 같이.

"시골 공무원에게도 열정이 있어요"
나비혁명의 일꾼들

전남농업기술원 교육관리과의 정난희 과장은 지금도 나비꿈을 꾼다. 정 과장은 함평군청 사회경제과장 재임 중에 제1회 나비축제 기념품 공급 담당을 맡으면서 나비와 인연을 맺었다. 몇 년 전 전남 나주의 농업기술원으로 전보 발령을 받은 뒤에도 주말마다 함평 집으로 퇴근을 한다. 지금도 봄이면 마음이 온통 함평천지 벌판의 나비 마음이 된다고 했다. 지난해 전원주택을 신축했는데, 집터를 나비곤충엑스포장 인근 1km 거리에 잡았을 뿐더러, 나비축제 때마다 숙소가 귀해지는 함평의 사정을 감안해 굳이 별채 공간을 만들어서 축제기간에 민박을 제공하고 있다.

정난희씨는 99년 나비 기념품 공급 책임을 맡았을 때의 난감함을 생생히 기억한다. "뭘 준비해서 뭘 내놓아야 할지 정신이 하나도 없었어요. 나비 관련 상품 자체가 없었다니까요." 전라도 지역은 물론 서울의 백화점과 남대문·동대문 시장을 고샅고샅 뒤졌다. 나비 비슷하게 생긴 것은 싹쓸이로 담아왔지만 축제에 대기에는 턱없이 부족한 수준이었다. 중국·일본 등지로 출장가는 직원이나, 해외에 체류하는 지인들에게도 '비용을 지불할 테니, 나비·잠자리·풍뎅이 비슷하게 생긴 기념품은 다 구해달라'고 부탁을 했다.

"미쳤었나봐요. 나비에 뽕 갔어요. 정말 정신병 수준이었다니까요." 나비 기념품을 온몸에 주렁주렁 걸고 축제 홍보를 했다고 한다. 첫 회 축제 때는 기념품 매장을 지키고 서서 호객행위까지 해가면서 직접 판매도 했다. 그런데 그렇게 사랑했던 나비가 중독일 줄이야. 2001년에 전 남도청으로 발령을 받았는데, 이후로 해마다 봄이 되면 '나비병'이 발병하여, 누가 시키지도 않는데 나비 기념품을 주렁주렁 매달고 도청 앞에서 나비축제 홍보를 하고는 했다고 한다. 평일에도 나비 액세서리 하나는 기본으로 꽂아준다.

함평군청 기획예산실의 홍보담당 장민섭 계장은 98년 10월, 캐릭터 사업 벤치마킹 업무를 맡으면서 나비축제의 멤버가 된다. 찬반 우여곡절 끝에 나비축제로 방향이 잡히고 점점 모양을 갖춰갈 즈음, 신기하게도 어느날 갑자기 가슴에서 뜨거운 무엇이 치밀어서는, 나비축제 연고 마케팅에 열을 올리게 되더란다. 친구며 동창에게 연락을 해서는 자비로 술값 계산을 해가면서 피라미드 사업을 하듯이 나비축제 홍보에 나서달라고 설득을 하고 다녔더랬다. "우리 같은 시골 공무원에게도 열정이 있다는 사실이 뿌듯하고 유쾌했습니다."

1회 축제를 마친 뒤 검토회의에서 기념품 부문이 가장 절실한 문제로 대두되었다. 시장 조사 차원에서 백화점과 시장통을 뒤지고 다닌 지 보름쯤 되자 어느새 소문이 돌아 유사 상품이 나돌기 시작했다. 나비 관련 상품 시장이 싹트기 시작한 것이었다. 중국산 싸구려 수입품도 대거 몰려오기 시작했다. 1회 축제가 끝난 뒤 나비 상품을 모아서 군청 로비에 진열했다. 초기에는 축제용 기념품 확보 차원에서 모으기 시작했는데, 나중에는 나비 이미지를 풍성하게 하자는 차원에서 수집을 계속했다(첫 해의 기념품 품귀가 얼마나 한이 되었으면, 함평군은 2008년 나비곤충 엑스포 때 전시실 하나를 '전 세계 나비 상품들' 코너로 꾸몄다).

함평군청의 산림경영담당 이광우 계장도 나비축제와의 인연으로 묘한 (?) 분야의 전문가가 된 사람이다. 공익조림 또는 경관조림이 그의 특기 부문이다. 1회 축제 때부터 4회까지 주무부서 소속으로 나비축제의 싹을 틔운 초기 멤버다. 엑스포 행사장의 남쪽, 민둥산이던 수산봉 등성이의 동쪽 사면에 나비 문양으로 철쭉나무 8만 여 그루를 식재하였다. 가로 54m×세로 42m 규모의 초대형 나비 동산으로, 기네스북에도 기록이 올라 있다고 한다. 2000년에는 수산봉 남쪽 사면에 날아가는 나비를 추가했다. 이렇게 나무 또는 예산을 확보하는 것이 이광우 계장의 일이다. 산림청에서 주관하는 국토공원화사업의 일환으로, 이계장은 매년 평균 70여 회의 조림사업을 해왔다. 함평 어느 산등성이며 벌판에 대지예술처럼 펼쳐진 나비·곤충 그림은 거개가 이계장의 발품을 빌렸다고 보면 틀리지 않을 것이다.

2003년부터는 헌수운동을 펼쳤다. 식재 계획과 설계에 따라 수목을 선정하고, 희망자로부터 수목을 기증받는 방식이다. 나비·곤충엑스포장의 소나무·느티나무 등도 대부분 헌수운동으로 식재된 것들이다. 기증자는 자기 나무에 대한 긍지를 느낄뿐더러, 관리에도 관심을 더 쏟게 되어 일거양득의 효과가 있다고 한다.

'나비축제'의 명성이 높아가면서 조림 예산의 규모도 훨씬 크게 확보할 수 있었다. 2005년 엑스포 승인을 받은 뒤에는 조림사업의 단위가 10배나 커졌고, 나중에는 조림계획을 직영 설계로 진행하는 수준이 되었다. 나비·곤충엑스포 행사장과 대동면에 있는 '에코파크'의 조경이 바로 직영 설계로 완성한 솜씨다. 나비축제 조경에 있어서 초화류의 비중을 점차 줄이고 다년생 관목 중심으로 바꿔가는 것이 이씨의 장기적인 목표다. 비결을 묻는 질문에, 씨익 웃는다. 메기같이 넓데데한 웃음이 매력 만점이다. "함평산 복분자술 좀 썼지요. 나비축제 특별초대권도 좀 돌리고요. 한 번 친해지면 제가 좀 끈끈하지요." 마지막에 한 번 더 날려주는 이계장의 메기 웃음이 여지없는 살인미소였다.

살아있는 감각으로 만든 살아있는 잔치

기적이 시작되다

운명의 날이 밝았다. 날씨도 더없이 청명했다. 함평천 주위로 유
채꽃 노란 꽃빛이 아지랑이처럼 너울거렸다. 멀리 뻗은 함평천지
지평선이 온통 자운영의 연보랏빛으로 비단을 덮은 듯하였다. 잔
잔한 바람이 꽃잎을 간질이며 물결을 일으키고 지나갔다. 푸른 하
늘 위로는 깃털구름이 그림을 그린 듯 흰 날개를 펼치고 있었다.
이른 아침부터 사람들이 길가에 줄지어 서서 들판 멀리를 바라보
았다. 개막식을 준비하는 군청 식구들의 눈길도 저절로 들판 저편
도로 끝의 소실점을 향하고 있었다.

과연 사람들이 나비를 보러 올 것인가. 이 시골길을 달려와 줄 것
인가. 축제기간을 어린이날 황금연휴로 잡은 것이 실수는 아니었
을까. 불안감에, 궁금증에, 참으로 목이 타조처럼 길어지는 시간이
었다. 태양이 지평선을 딛고 동천 위로 고개를 들 무렵까지 불안감
은 계속됐다. 그런데 이상한 모습이 눈에 띠기 시작했다. 처음에는
미처 눈치 채지 못할 정도로 차량의 수가 증가했다. 그러더니 어느
순간부터 읍내 도로가 차량들로 번잡해지기 시작했다. 그리고 마
침내 물꼬가 터졌다. 함평 진입로가 빽빽한 차량의 물결로 뒤덮이
다 못해 말 그대로 '미어터지는' 상황이 연출되기 시작한 것이다.
함평이 발칵 뒤집혔다. 세상에! 함평 역사상 이토록 사람이 많이
온 것은 아마 이 날이 처음이었으리라. 함평에서 50년을 넘게 살았

다는 어느 할머니는 "이런 장관은 처음 봤다"며 혀를 내둘렀다.

그렇게 함평나비축제의 '기적'이 시작됐다. 어떻게 전라남도 한쪽 끝 촌구석에서 벌어진 축제, 그것도 별로 준비된 것도 없고 내놓을 것도 없는 축제에 이토록 많은 사람이 올 수 있다는 말인가? 함평 주민과 공무원은 물론 함평을 찾은 관광객 스스로도 놀랄 수밖에 없었다. 함평주유소를 운영하는 백정부씨 역시 놀라고 당황한 사람 중의 하나였다.

"함평 입구가 꽉 막혔어요. 정말 예상할 수도 없었던 일이 벌어진 겁니다. 주유소도 장사진을 이루었습니다. 기름 한 번 넣으려면 20~30분은 기다려야 했다니까요. 결국 주유소 기름이 동이 나고 말았습니다."

1회 축제 당시 관광객들로 가득 찬 행사장 모습.

정오 무렵부터는 도로가 주차장을 방불할 정도가 되었고, 차머리를 돌려서 되돌아가는 차들도 부지기수였다. 오후에는 더욱 난리가 났다. 함평읍으로 들어오는 모든 도로가 주차장이 되었다. 광주–목포간 도로가 나주부터 막히는 바람에 헬기가 뜨는 소동까지 벌어졌다. 국도변 구멍가게의 음료수와 아이스크림이 동나고, 주유소의 기름·가스 탱크가 바닥이 나는 바람에 도로변에 비상 주차를 하는 차량들이 수도 없이 많았다. 읍내 음식점은 재료와 얼음이 떨어져 손님을 받지 못하는 사례가 속출했고, 심지어 읍내 행사장 일대에서는 핸드폰이 불통되는 사태가 벌어졌다. 너무 많은 핸드폰 통화가 한꺼번에 몰릴 때 나타나는 현상이었다.

살아 있는 감각으로 만든 살아 있는 잔치

그렇게 5월 5일 하루 동안에만 30만 명의 사람들이 함평을 찾았다. 축제 기간 닷새 동안 다녀간 사람은 모두 60만 명. 함평이라는 마을이 생긴 이래 가장 많은 사람이 몰린 날이었다. 4만이 채 못 되는 함평 인구의 15배에 달하는 사람이 축제를 찾은 것이다. 눈이 휘둥그레질 만도 했다. 그날 함평 사람들끼리는 "평생 이렇게 많은 사람 첨 봤네"라는 말이 인사말 대신이었다는 에피소드도 전한다.

사람들은 나비에 열광했다. 개막식 후의 '나비 날리기' 차례, 투명 플라스틱 통에서 나비 2만 마리가 꽃보라처럼 날아올라 아찔한 아름다움으로 하늘을 수놓는 순간, 숨죽여 바라보던 사람들에게서 우레와 같은 박수와 함성이 터져나왔다. 개막식이 끝나고 축하 비행이 시작되었다. 경비행기와 비행선, 패러글라이드가 교차하며 함평 하늘을 선회하는 동안 꽃밭에서는 나비

1회 나비축제 개막식 후 관광객들이 나비를 날리고 있다.

들이 사람들 마음자락 위를 유영하고 있었다. 나비생태관 또한 인기 폭발이었다. 나비보다 사람이 많이 몰리는 바람에, 누가 누구를 구경하는지 모를 아이러니한 풍경이 벌어지고 있었다.

함평 천지 소싸움대회에서는 먼저 경남 진주시 투우협회가 시범 경기를 보인 다음, 모두 21두의 소들이 거친 콧김을 내뿜으며 힘겨루기를 했다. 화관무, 선비춤, 장고춤, 교방살풀이, 성주풀이춤, 북춤, 학춤 등 전통춤 판굿도 한바탕 신명을 불렀다. 무엇보다 향토가축체험장과 나비도예학습장, 보디페인팅(페이스페인팅) 등 직접

행사를 기다리며 줄지어 늘어선 관광객들.

만져보고 만들어보는 프로그램이 사람의 마음을 끌었다. 텔레비전의 시대, 눈은 이미 모든 것을 알고 있었다. 텔레비전이 주지 못하는 것, 촉감과 맛, 냄새 등 살아 있는 감각만이 살아 있는 잔치를 만드는 비결이었다. 함평 농투성이들의 아슬아슬한 길 찾기가, 자기도 모르는 사이 텔레비전 시대의 틈새시장을 찾아내었던 것이다.

현대의 의병이 된 자원봉사자들

갑자기 들이닥친 첫날 30만 명의 인파, 축제기간 내내 함평을 가득 채웠던 60만 명의 수요를 만족시키기에 첫 나비축제의 상황은 턱없이 부족했다. 부족할 수밖에 없었다. 두 달 전만 해도 5만~10만 명을 조심스럽게 희망하던 사람들이 어찌 알고 60만 손님을 맞을 준비를 했으랴. 더구나 생전 처음 겪어보는 축제 마수걸이가 아니었던가. 자칫 준비 미숙에 실수가 겹쳐 하늘이 준 선물을 망칠 위험도 있었다. 그러나 함평은 저력의 땅이었다. 없는 듯 있고, 있는 듯 없는 은인자중의 땅이었다. 의병의 후예, 함평고구마사건의 후예. 그 당차고 뜨거운 피가 은인자중으로 흐르고 있었다.

쏟아지듯 밀려들어오는 60만 손님을 무난하게, 사고없이 모셔낸 비결은 자원봉사였다. 어떤 측면에서 자원봉사는 현대의 의병이라고 부를 만하다. 확실히 함평에는 함평만의 묘한 저력이 있다. 자원봉사라 해도, 행사 전체를 총괄하는 하나의 조직 체계를 갖춘 것이 아니었다. 여러 자원봉사단체가 자발적으로, 안내면 안내, 청소면 청소, 음식 서비스에 교통정리 등 필요한 일거리를 찾아내서 해결하는 방식인데, 그게 먹힌다. 그게 함평의 힘이다. 나비축제 때 자발적으로 참여한 주요 자원봉사단체로는 함평군 새마을부녀회, 함평군 모범운전자회, 문화관광해설가협회, 함평군 수의사회, 함평군 사랑회, 백일홍회 등 10여 개 단체가 있는데, 나비축제를 계기로 중앙연락본부 비슷한 개념으로 구성된 것이 함평군 여성자원봉사회다. 1회 축제 때는 상인들의 부스도 충분히 마련하지 못해서, 행사장 인근에서는 자원봉사자들이 마련한 식사와 다과가 중요한 역할을 했다.

함평군은 축제를 위해 여러 자원봉사단체들을 대형 조직으로 일원화하는 대신 기존 형태를 유지하면서 활성화하는 방안을 택했는데, 이것이 오히려 장수촌 함평의 복지를 한 차원 높이는 계기가 되었다. 축제 때 주요 자원봉사는 △환경 정비 △의료봉사 △축제 가이드, 이렇게 세 분야로 요약되는데, 친절교육 및 행사 프로그램 오리엔테이션 교육을 한 차례 받는 게 전부다. 나머지는 모두 알아서 한다. 군청의 요구가 있는 일거리들은 해당 조직에서 멤버를 배정해 출동해주면 그만이다. 실제적인 자원봉사는 대부분 각 단체별로 알아서 자발적으로 진행된다.

축제만을 위해 존재하는 조직들이 아니므로, 활성화된 활동력은 평상시 군내의 생활 여건을 챙기는 데 쓰이게 된다. 가장 의미있는 활동이 노인을 위한 자원봉사다. 최고 장수촌, 고령자가 많은 군이다보니 아무래도 노인 복지와 관련된 일거리가 많다. 독거노인이나 치매 · 중풍환자들, 이혼한 홀아비 가정 등을 보살펴주고, 농번기에 아기를 대신 봐주는 등 일손을 덜어주기도 한다. 몇 년 전부터는 외국인 며느리 한글교육 및 시골 풍습 적응화 훈련 등도 시작했다. 나비축제가 점점 규모가 커지면서 나중에는 이 외국인 며느리들이 자원봉사자가 되어 외국 손님 안내를 맡기도 했다. 축제의 목표가 우선은 군의 발전과 소득증대 등이겠지만, 그 목표들 역시 종국에는 삶의 질을 높여보자는 의미를 담은 것이고 보면, 나비축제로 얻는 경제적 성과 못지 않게 축제를 계기로 이들 자원봉사자들이 활발하게 펼쳐보이는 훈훈한 애정의 드라마가 더없이 소중하게 느껴지는 대목이 아닐 수 없다.

최고령 장수촌의 행복만들기
강송복 새마을부회장 인터뷰

강송복 새마을부녀회장과 자원봉사자들.

어쩌면 자원봉사도 중독이다. 아름다운 중독이다. 강송복 새마을부녀회장은 제대로 중독인 듯하다. 88년 이후로 함평군 학교면 새마을부녀회장을 계속해왔으니 햇수로만 20년이 넘는다. 2006년에는 새마을훈장 노력장도 받았다. 99년 제1회 나비축제 때부터 군의 지원이 늘어나면서 자원봉사 활동이 더욱 활발해졌다. 긴급 환자 발생 시 병원 후송에 대비해 군청에 전속 차량도 마련되었다. 이전에는 주로 독거노인의 헌 집 보수 및 도배, 경로당 음식 대접 등이 주 활동이었다. 망치질이나 할아버지 목욕 등 남자 일손이 필요할 때는 119나 모범운전자회, 자율방

범연합대 쪽에 지원 요청을 한다.

나비축제 이후로 함평 사람들끼리의 연대감이 강해졌다. 그러면서 자원봉사자들이 활동할 범위도 부쩍 늘어났다. 회원들이 조를 짜서, 요일별로 봉사활동을 한다. 독거노인이나 치매ㆍ중풍환자들을 돌봐주고, 집도 수리해주고, 밀린 빨래와 청소도 대신 해주고, 목욕ㆍ이발ㆍ미용 등을 시켜주는 것이 이들의 주요 활동이다. 위급 시나 건강진단 받는 날 병원에 동행해주기도 한다. 부자(父子) 가정이나 홀아비 댁에 김치와 밑반찬을 만들어주는 일도 한다. 열흘에 한 번씩 매달 세 차례 김치와 반찬을 만든다. 그러면 차례가 된 지역의 의원들이 트럭에 싣고 신청한 집에 배달을 해주는 식이다. 음식 재료비는 군과 보건복지부, 농협 번영회 등에서 적당히 지원을 한다.

몇 년 전부터는 외국인 이주여성을 대상으로 한 프로그램이 추가되었다. 중국ㆍ일본ㆍ필리핀ㆍ몽골ㆍ베트남 등에서 시집온 아시아 여성들이 주요 대상이다. 함께 수다 떨면서 우리 말도 가르치고, 우리 식으로 아이 키우는 법도 전해준다. 어린아이가 2~3살 될 무렵, 말이 터지려고 할 때가 중요하기 때문이란다. 김징김치ㆍ된장찌개ㆍ부침개 등 한국요리 만드는 법도 필수 코스다. 말을 빨리 익힌 외국인 며느리들은 나비축제 때 통역 및 안내 요원으로 정식 자원봉사 일을 맡기도 했다. 예기치 않은 곳에서 자기 나라의 민속 복장을 본 외국인 관람객이 함평과 나비축제에 대해 느끼는 놀라움과 감탄은 참으로 각별한 것이 아닐 수 없었다.

"자녀 따라서 이사 갔다가 돌아오시는 분들이 계세요. 작년에 할머니 한 분이 다른 군으로 갔다가 돌아오셨어요. 우리가 반찬도 해드리고, 청소랑 빨래랑 해드리던 할머닌데, 그쪽에서는 누가 와서 들여다보지도 않는다고. 얼마 전에는 눈이 조금 안 보이는 할머니가 방을 얻어달라고 하셔요. 함평에서는 자원봉사자들이 병원도 같이 가주고, 또 방문해서 말벗도 해주고 하니까. 좀 있으면 우리도 또 늙을 테니까. 서로 돕는 거죠."

꿈으로 가는 길이 열리다

정신없는 며칠이 흘렀다. 방문객들의 감탄과 웃음에 고무되어 시간이 어떻게 흘러갔는지도 몰랐다. 마지막 날 축제를 모두 마치고, 정리를 위해 군청에 모였을 때, 누군가의 입에서 흑, 안도의 흐느낌이 터져나왔다. 그때였다. 억눌렸던 긴장과 불안감이 동시에 봇물처럼 터지면서 여기저기서 울음이 새어나왔다. 누구랄 것도 없이 서로가 옆에 있던 사람을 부둥켜안고는 잠시 감동과 기쁨의 눈물잔치를 벌였더랬다.

60만 손님이라니. 기대도 하지 않았던 대박이었다. 입장료를 받는 유료 축제였는데도 사람들은 기꺼이 나비생태관 입구에 줄을 섰다(입장료 수입 : 3,822만 원). 비로소 꿈으로 가는 첫 번째 문을 열었다는 실감을 했다. 며칠을 두고 리뷰 회의를 했다. 반응이 좋았던 것과 별로였던 것, 시정해야 할 것과 보완해야 할 것, 새로 개발하면 좋을 것들을 논의했다. 특히 숙소와 화장실 부족 문제가 원성이 높았다. 셔틀버스 마련에 신경 쓰느라, 셔틀버스 정류장에 미처 화장실을 갖추지 못한 점도 지적되었다. 7천 대를 예상했던 주차장도 한참 보강이 필요한 사항이었다. 나비생태관도 대폭 확장이 절실하였다.

나비축제에 대한 열화와 같은 반응이 확인되었으므로, 나비생태관의 확장 같은 투자는 문제될 것이 없었다. 주차장도 함평천 둔치를 활용하면 쉽사리 해결될 사안이었다. 화장실도 어차피 도시 재정비 차원에서 생각하면, 언젠가 투자해야 할 비용을 조금 앞당기는 정도일 뿐이었다. 문제는 숙소였다. 군의 예산으로 숙소 건물을 짓는 것은 효용성이 떨어질 뿐더러, 관청에서 나설 일도 아니었다. 광주·목포·나주 등 인근 도시의 호텔업계 측에서는 5월 한 철의 손님만 보고는 대규모 투자를 하기가 어렵다고 난색을 표했다. 우선이야 관내에 산재한 160여 개의 마을회관을 활용하는 방안이 있었다. 먼저 상태가 양호한 마을회관 절반 정도를 축제기간 농촌체험형 민박으로 개발키로 했다.

'나비의 꿈'을 사계절 연장할 수 없을까

  미봉책으로 이듬해의 축제를 치러내는 것은 가능해졌지만, 중요한 것은 장기적인 대안이었다. 5월 한 철만 보고 투자하기가 겁난다면, 1년 내내 손님이 찾아오는 함평이 되어야 해결될 문제일 것이었다. 과연 '나비의 꿈'은 '관광함평'이라는 숙제에도 얼굴마담 노릇을 해줄 것인가. '사계절 관광 함평'에 도전해보기로 했다. 또 아이디어를 모았다. 함평이 자랑하는 야생난과 꽃무릇(석산), 국화, 고인돌·고분, 그리고 갯벌 등과 관련하여 아이디어들이 모아졌다.

생태의 눈으로 '1년'의 가능성을 찾다

  여름은 바다의 계절. 작은 해수욕장을 생태학습장으로 일으켜세웠다. 돌머리해수욕장이 있는 석두마을은 '돌머리'라는 이름 그대로 서해 함평만을 향해 뾰족하게 바위곶이 머리를 내민 지역으로, 낙조 풍경이 아름다웠지만 규모가 작아서 해수욕장으로서 경쟁력이 약했다. 대신 석두 어촌의 석화와 낙지, 바지락과 보리새우 등은 맛이 풍성하고 깔끔하기로 소문난 먹거리였고, 인근 손불면의 함평해수찜은 150년 전부터 명성이 짜했던 명소였다. 유황과 게르마늄 성분이 풍부하게 함유돼 해안의 돌을 불에 달구어 바닷물에 넣고 찜질을 하면 신경통·관절염·산후통에 특히 효험이 있다고 한다. 게다가 함평만은 세계 5대 갯벌로 꼽히는 청정지역이었다. 오래 전부터 수산자원보전지역으로 지정되어온 함평만은 생태환

함평만 갯벌의 고즈넉한 풍경.

경이 잘 보존되어 갯벌의 생성에서부터 소멸의 전 과정을 관찰할 수 있는 다양한 생물종을 자랑하는 곳이었다.

새로운 눈으로 보았을 때 새로운 가능성이 보이는 법이다. 치환경의 눈으로 본 돌머리해수욕장은 최고의 생태학습 후보지였다. 최적의 장소에 '함평만 갯벌생태학습장'을 만들었다. 우선 편리하게 갯벌을 관찰할 수 있는 시설이 필요했다. 특별한 보호 장비 없이 양말 벗고 바짓가랑이만 걷어올린 차림으로도 갯벌을 관찰할 수 있도록 650m에 달하는 침목다리 탐방로를 설치하였다. 계절이 어긋나거나 썰물 때를 놓쳐서 현장 관찰을 못한 사람들을 위해서는 '갯벌생물수족관'과 '사진전시대'를 갖춰놓았다.

동시에 조용하고 아늑한 휴양지 분위기도 필수라고 보았다. 돌머리해수욕장에서 손불 해수찜 마을을 거쳐 함평군의 북쪽 끝 안악해수욕장까지 해안도로를 정비해 서해관광 벨트를 연결했다. 바다를 바라보면서 해당화가 늘어선 백사장길을 달리며 자전거 드라이

브를 즐기기에도 최고의 코스다. 해수욕장 입구 도로변에는 가족
공원을 조성했다. 돌머리해수욕장 백사장 가장자리와 그 너머 소
나무숲에 환경친화적인 원두막 시설을 설치했다. 여름방학에는 학
생들을 대상으로 갯벌생태학습과 곤충연구소 표본전시관 견학 및
표본제작 체험을 연계하여 '나비와 만나는 갯벌체험'이라는 현장
학습 프로그램을 운영하였다. 이 프로그램은 환경부의 '체험환경
교육프로그램 지원사업' 공모에 선정되기도 했다.

가을에는 '황금들녘 허수아비모음전'을 준비했다. 나산면 장파
금 들판에 갖가지 형상의 허수아비 7천여 개를 세우고, 도로 옆의
1천 평 부지에 장승 199기와 솟대 307기로 솟대·장승공원도 꾸몄
다. 함평천 정비의 관광 효과를 면 단위의 하천과 저수지에도 적용
하여 경관 조성 효과를 높이려는 의도가 포함되어 있었다. 특히 영
산강으로 흘러드는 나산천이 오염이 심화되는 상태였다. 도시재정
비사업과 국토공원화사업의 일환으로 재원을 보조받아 하수도와
호안을 정비하고, 폐도부지에 솟대·장승공원을 조성했다. 나무는
지천에 널려 있었다. 지역 화가와 조각가, 그리고 공익요원들이 손
수 조각도를 들었다. 99년 9월에는 솟대·장승을 만들다가 눈이
맞은 신랑·신부가 전통혼례로 '장승부부 혼례식'을 거행했다. 공
원 옆에 참새 쫓기 체험장도 마련했다. 참새를 쫓을 때 쓰던 태·
팡개·설렁줄 등을 직접 사용해보는 코너다.

월야면 용월리에 있는 방축저수지는 백련·수련단지를 조성하고
그 사이로 연꽃 등 수생식물을 관찰할 수 있는 50m 길이의 수상데
크 '오작교'를 만들어 수변생태공원으로 거듭났다. 저수지 옆
300m 길이의 반원형 파고라에는 조롱박 터널과 야생화 전시장을
꾸몄다. 원두막·분수대와 여러 형태의 소정원을 갖춘 2만 평 부지

의 방축생태공원에서는
박공예 체험, 짚공예 체
험, 봉숭아 물들이기 체험
등 농촌체험 프로그램을
바탕으로 추석 귀성객과
관광객과 함께 '한가위
달맞이 잔치'를 벌인다.
이용객들의 반응이 좋아
2004년부터는 공원 이름
까지 '달맞이공원'으로
바뀌었다.

가을 용천사에는 꽃무
릇(석산)이 한창이다. 온산

가을 용천사 꽃무릇을 즐기는 가족 관광객. 꽃무릇은 꽃대궁만 솟아
올라 다홍색 꽃을 피우는 특이한 식물이다.

을 붉게 물들이는 용천사 꽃무릇은 '우리나라 100경' 가운데 48위
에 꼽힌 절경 중의 절경이다. 용천사 입구를 전통꽃담으로 꾸며 일
대를 꽃무릇공원으로 조성했다. 꽃무릇은 8월 말부터 잎도 나지 않
은 상태에서 꽃대궁만 솟아올라 꽃을 피운 뒤, 꽃이 진 9월 말 이후
에 잎이 나기 시작하여 겨울을 나고 이듬해 늦봄에 다시 잎이 사라
지는 특이 체질이다. 잎도 없이 맨땅에서 꽃대궁만 수천만 줄기가
솟아올라 꽃을 피우니, 용천사 주위의 모악산 산자락이 온통 화사
한 다홍색 불꽃으로 이글거린다. 저 꽃의 불길 사이로 서너 갈래의
산책로가 오롯하게 뻗어 있다.

신광면 가덕리와 대동면 운교리 사이에는 대동호가 널찍하게 자
리를 잡고 있다. 이 대동호를 밑변으로 삼아 호리병 형태로 생긴
골짜기에 여러 해에 걸쳐서 사계절형 자연생태공원 '함평 에코파

경비행기를 타고 내려다본 함평 에코파크.

크'를 건설했다. 에코파크는 장미원·모란원·수련원·과석원·
홉밀식물원·사군자동산 등 코너별로 특화된 정원의 맵시가 빼어
나서, 전국 유수의 여느 식물원에도 결코 뒤지지 않는다. KBS 어린
이 드라마〈후토스〉촬영장도 바로 여기 함평 에코파크의 호수 안
쪽 인공섬에 있다. 함평 에코파크는 원래 나비축제 이전에 '한국
자생란 보존·육성 사업'으로 기획되어 '한국춘란분류관', '풍란
관', '자생난관', '동양난관', '아열대식물관' 등을 갖춘 '난전문공
원'이 될 예정이었다. 함평군은 세계 최대의 자생란 서식지로서,
늦가을에는 '함평 난엽예품전시회'를, 춘삼월에는 '함평 춘란전시
회'를 개최한다. 함평 야생난은 작품에 따라 희귀한 것은 몇 천만
원을 훌쩍 넘어서기도 한다. 여기에 나비·곤충클러스터의 본부
기능을 합쳤다. 나비·곤충생태관과 나비·곤충표본전시관, 수서
곤충관찰학습장과 양서·파충류관찰장이 추가되었다. 늦가을에

함평천 메인 행사장에서 국화꽃축제인 '대한민국 국향대전'이 열리면, 에코파크는 메인 전시장으로서 골짜기 일대가 온통 국화로 뒤덮여 짙은 국화향기가 함평의 가을을 가득 채운다.

마한에서 백제까지, 무덤이 전하는 속삭임
함평 고인돌과 고분군

'코리아'는 세계 고고학계에서 '고인돌의 나라'로 통한다. 전 세계 고인돌(대략 7만 기 안팎으로 추정)의 절반 이상이 한반도에 있고(4만여 기로 추정), 세계에서 가장 오래된 고인돌(6천~8천 년 전으로 추정, 전남 화순 소재)도 우리나라에 있다. 최대 고인돌은 기준을 최장축 길이로 할 것인지, 무게로 할 것인지가 모호하여 대상을 정하기가 모호하지만, 어차피 그 후보 고인돌들이 모두 우리나라에 몰려 있다. 가히 '고인돌의 종주국'다운 면모를 자랑한다. 그 종주국 고인돌의 절반 이상이 전라남도에 몰려 있다(확인된 것만 2만여 기). 그리고 함평은 고인돌 최고최다(最古最多) 보유 지역 가운데서도 꽤 앞 순위에 든다.

함평 지역의 고인돌은 123개 군락 602기가 확인되었는데, 멸실된 것을 감안하면 700~800기에 이른다. 그 가운데 월야면의 용월리 고인돌 군락(전라남도기념물 제158호)은 주변 풍광이 단연 발군이다. 아름드리 소나무와 옹기종기 모여 앉은 거대한 너럭바위 무더기가 어울려, 여느 고인돌 군락에서는 느낄 수 없는 고즈넉한 풍모를 자랑한다. 용월리 고인돌은 모두 16기, 그 중 12기는 받침돌이 보이는 남방식이고 4기는 두꺼운 판석으로 된 북방식이다. 청동기시대 전기부터 후기에 걸쳐 만들어진 것이라 한다. 주민들에 따르면, 옛날에는 셀 수 없이 많은 고인돌이 있어 아이들의 놀이터 노릇을 톡톡히 했다고 한다. 일제시대 때 1km 인

함평 용월리 고인돌 공원.

근의 양정리 저수지의 제방을 쌓으면서 이곳 고인돌을 사용하는 바람에 태반이 없어져버렸고, 이후로도 관청에서 돌이 필요하면 이곳의 돌을 가져다 쓰는 바람에 지금의 규모가 되었다고 전한다.

고분은 함평군 내에서 모두 40개 군락 109기가 조사되었는데, 적석목관묘가 출토된 나산면 초포리유적은 기원전 2세기경 초기 철기시대의 자취를 보여주며, 서기 3세기 마한(馬韓)을 전후한 시기에 조성된 월야면 예덕리의 만가촌(萬家村) 고분군과 대동면 금산리의 방대형 고분군 등 삼국시대의 고분도 많이 분포해 있다. 따라서 함평 일대에는 삼국이 성립하기 전부터 적지 않은 세력이 존재하였으며, 동시에 삼국시대의 독무덤[옹관묘甕棺墓], 돌방무덤[석실분石室墳], 장고분(長鼓墳) 등 다양한 고분 형태는 당시 사정이 매우 복잡하였음을 암시해준다.

그중 월야면 예덕리의 만가촌 고분군(전라남도기념물 55호)은 무지와 방치로 본모습이 심하게 훼손된 안타까운 사례다. 이 고분군은 4~5세기 무렵 백제시대의 독무덤이다. 시체를 독—옹관(甕棺)에 넣어 매장하는 독무덤은 영산강 하류 지역에 집중적으로 분포한다. 고분의 유형은 긴 타원형이거나 장고형, 혹은 사다리꼴 등으로 형태가 일정하지 않으며, 크기도 누운 방향도 제각각이다. 장고형 고분은 앞면은 모서리가 있고 뒤쪽은 원형 형태로 된 '전방후원분'으로, '한국의 전방후원분이 일본에서 건너온 것'이라는 일본학계의 학설을 뒤엎는 유력한 근거 자료가 된다. 예덕리 고분군이 있는 구릉의 동쪽 사면에 '만가마을'이 있었는데, 1984년 벽돌공장이 들어서면서 벽돌 재료로 황토를 마구 채취해 동사면과 남사면의 구릉이 절토되었다. 그 바람에 12~14호 고분의 일부가 잘려나갔다. 주위는 대부분 밭으로 경작되고 있었으며, 고분군 자리가 소나무숲이어서 그나마 훼손을 면할 수 있었다. 현재의 고분 모습은 소나무들을 제거하고 유물을 발굴한 뒤 고증을 거쳐 재현한 상태다.

만가촌 고분군에서 북쪽으로 100m 쯤 떨어진 곳에 위치한 신덕 고분(전라남도기념물 제143호)은 두 기의 고분이 남북으로 나란히 누워 있다. 남쪽의 대형분은 전방후원형(길이 51m, 전방 너비 25m, 후원 직경 30m, 높이 5m)이고 북쪽의 것은 원형(직경 21m, 높이 3m)으로, 두 고분의 관계는 서로 무관하다. 서북쪽에는 백제계 굴식 돌방무덤인 월계리 석계 고분군이 분포하고 있다. 전방후원형 신덕 고분은 내부가 돌방으로 밝혀진 국내 최초의 고분으로, 월계리 고분군과 만가촌 고분군을 거느린 중심 고분으로 추정된다. 손불면 죽암리에 있는 또다른 장고형 고분(전라남도기념물 제152호)은 전체 길이 70m, 전방부 너비 37m, 후원 직경 39m, 높이 8m 규모로 전방후원형 고분 중 최대 규모를 자랑한다.

삼국시대 고분으로는 학교면 마산리 고분과 대동면 금산리 고분이 가장 규모가 크다. 마산리 고분(전라남도기념물 제122호)은 모두 9기로 일명 '왕릉'과 '8장수 분묘'로 불린다. 백제시대에 만들어진 돌방무덤 형태로, 일제시대 때 모두 도굴되었다. 금산리 고분(전라남도기념물 제151호)은 '방대형(方臺形)'을 이루며 평면은 사각형으로 네 모서리가 정확하게 동서남북을 가리킨다. 긴 변이 약 50m, 짧은 변이 40, 높이 10m인 금산리 방대형 고분은 전라남도 지방의 고분 가운데 가장 규모가 크고, 이음돌무덤[葺石墓] 중에서는 남한 최대 규모를 자랑한다.

2%를 채워준 도로 공사

정말 빼놓을 수 없는 함평의 감초 문화재가 하나 더 있다. 고인돌이다. 밭 갈다가 걸리적거리는 큰 바위는 일단 고인돌이라고 보아도 좋을 정도다. 그만큼 산에, 들에, 마을 여기저기에 흔하게 널린 것이 고인돌이다. 어느 집은 사람 키보다 높고 트럭 몸채보다 넓은 너럭바위가 마당 한 가운데 떡하니 자리잡고 있다. 바위 틈새에 나무를 꽂아 빨랫줄 기둥으로 쓰기도 하고, 바위 위에 멍석을 널어 고추를 말리기도 한다. 또 어느 집은 바람벽 한쪽을 바위 몸에 잇대어 쌓기도 했다. 담장·장독대 등으로 쓰이는 고인돌도 흔하게 눈에 뜨인다. 모두가 선사시대부터 초기 철기시대까지의 무덤으로 추정되는 고인돌들이다.

너무 흔하다 보니 제 대접을 못 받는 천덕꾸러기 신세가 되어버렸다. 고창에는 고인돌박물관이 있고, 화순에는 고인돌축제가 있다. 게다가 강화·고창·화순의 고인돌이 유네스코 세계문화유산 997호로 등재되면서, 함평의 고인돌은 명함을 내밀기가 영 어정쩡해졌다. 그러나 개체수로는 함평의 고인돌도 결코 빠지지 않는다. 현재 함평군 내에 6백여 기가 남아 있는데, 한창 때의 조사로는 8백 기가 넘었던 것으로 추정된다(강화 150여 기, 화순 590여 기). 그런데도 예산을 일으킬 방법이 없어서 속수무책이었다.

고분도 처지가 비슷하다. 함평군 일대에 고분 1백여 기가 산재해 있는데, 대부분 마한·백제시대의 것으로 추정된다. 주로 석관묘·토관묘·옹관묘를 덮은 토분으로, 재미있는 것은 고분의 형태가 우리가 흔히 보는 둥근 무덤의 형태와는 확연히 다르다는 점이다. 수십m가 넘도록 길다란 사다리꼴도 있고, 정방의 사각형도 있으며, 긴 타원형과 장고형 모양도 있다. 그런데 이 고분군 역시 나주

· 순천 · 해남 등지에서 발굴된 고분들과 흡사한 특징을 갖고 있어, 함평에서만 특별히 문화유산으로 어찌해볼 명분이 없었다.

어떤 음료수 광고 카피마따나, 번번이 묘하게 2%가 부족한 상황이었다. 그러던 차에 우연한 기회가 찾아왔다. 서해안고속도로 공사와 국도 22호선 확장 · 포장공사, 그리고 해보면 송산제 공사 과정에서 고인돌 6기와 석관묘 2기, 석실분 1기가 발굴되었는데, 뒤처리 방법이 마땅치 않았던 것이었다. 절묘한 타이밍이었다. 99년 6월 함평읍 대덕리 고양고분군(문화재자료 제231호) 인근의 도로부지 6백여 평에 공사 중 발굴된 고인돌과 고분들을 복원하여 고인돌공원을 조성했다.

연이어 국도 22호선 구간의 유적 발굴 현장에서 우리나라 최초로 철기시대 도토리를 저장했던 구덩이가 도토리의 원형을 고스란히 보존한 채로 발굴되었다. 이후 국도 22호선 공사 구간의 유물 발굴을 계속한 결과 2001년에는 해보면에서 사람 얼굴을 새긴 삼국시대 초기의 고대 토기가 추가로 발굴되었다. 지속적인 발굴로 현재 함평군에는 월야면 예덕리의 만가촌(萬家村) 고분군(전라남도기념물 제55호)과 신덕 고분군(전라남도기념물 제143호), 학교면 마산리의 백제고분군(전라남도기념물 제122호), 대동면 금산리의 방대형고분군(전라남도기념물 제151호), 함평읍 진양리 화동고분군(문화재자료 제201호) 등 십여 곳의 고인돌 · 고분군들이 새 단장을 하고 있다.

히딩크도 반한 함평 나비 넥타이

축제의 주인으로 거듭난 함평 주민들

전야제까지 5박6일. 축제는 짧았으나 축제가 남긴 파장은 결코 짧지 않았다. 단순한 매출과 소득 증가 차원의 이야기가 아니었다. 개발시대 30여 년의 상대적 낙후감이 냉소로 이어져가던 함평이 전혀 예기치 않은 쇼크를 먹은 것이었다. 충격이었다. 사람들이 너도나도 직접 느낀 충격의 소감을 말했다. 뭐가 뭔지 제대로 실감도 못하면서도 주민들 스스로 '피라미드형 연고 마케팅'에 뛰어들어 술값 베풀어가면서 몸소 홍보 전선을 내달렸던 나비축제였다. 축제란, 경험이란, 땀 흘린 사람이 주인인 법이다. 몸 쓴 사람에게 추억인 법이다. 그런 의미에서 함평 사람들은 모두가 축제의 주인인 셈이었다. 자부심과 자신감이 얼굴 표정에서부터 넘쳐흘렀다. 문방구며 철물점이며 '나비' 상호를 쓰는 집이 생겨났고, 담벼락이며 도배지들을 나비 무늬로 바꾸는 집들이 생겨났다. 100% 자발적 결정이었다.

군 행정과 경제도 탄력을 받아 활기를 띠기 시작했다. 관광객이 급증했으므로, 기차역과 터미널의 수용능력을 늘려야 했고, 관련된 상가의 규모도 따라서 커져야 했다. 때마침 행정자치부의 '소도읍 육성사업 100억 원 지원' 정책이 확정되었다. 주민들 사이에서도 투자·개발 의욕이 살아났다. 원예·화훼농가가 늘어났고, 곤충연구소로부터 나비 농법을 배워서 거액의 시설비를 들여 나비를 기르는 나비 농가도 생겼다. 축제 준비로 도로와 천변을 정비하고 조경과 풍경을 바꿈으로써 주민들의 심미안과 여가 의식이 높아진 것은 기대도 하지 않았던 선물이었다. 조깅·산책·가족여행 등 전에 없던 여가문화가 생겨나기 시작했다.

여유있게, 두 가지 모드에 집중하기

2회 축제 준비에도 탄력이 붙었다. 첫 축제 결과를 정산하는 사이에 봄이 훌쩍 지났고, '함평만 갯벌생태학습장'을 만들고 챙기는 사이에 여름이 훌쩍 가버렸다. 첫 축제를 시간에 쫓겨 얼떨결에 치러낸 '울렁증' 때문이었을까. 축제 담당반이 여름부터 이듬해 축제를 준비하는 것이 이때부터 관행이 되었다. 나비축제 성공에 대한 행사지원금과 군 정책평가 시상금 등의 보너스로 재정에도 여유가 생겼다. 지난번 축제 때 빈약한 재정 탓에 통대나무로 만든 500여 평 규모의 비닐하우스 신세를 져야 했던 '향토유물전시관'도 피난민 신세를 벗었다. 나산면 이문리 폐교 부지에 장수풍뎅이 모양의 4층 전시관을 신축하여, 신석기 시대 농기구부터 근대의 농촌생활 유물에 이르기까지 1,500여 점의 민속자료를 갖추고 당당히 민속박물관으로 변신한 것이다.

2회 축제를 준비하는 회의록 등을 살펴보면, 확실히 여유가 느껴진다. 축제는 뚜렷하게 두 방향으로 집중력을 보인다. 첫째는 잔치 모드다. 함평 군민을 위한 잔치인 동시에 손님들을 위한 잔치다. 경비행기와 비행선, 패러글라이딩으로 분위기를 달구는 전략은 인기 만점이었으므로, 시드 잔류. 축제 규모가 훨씬 커진 뒤에는 헬리콥터도 열기 고조 미션에 가세하게 된다. 본격 잔치판은 남도 노동요와 전통 판소리로 전통을 잇고, 국악·사물놀이의 연희 마당

을 늘렸다. 길굿행진 · 무속제 · 유교제 · 경로잔치 등은 말 그대로
잔치다. 풍년과 행운을 기원하고, 액을 쫓는다. 전국 최고 장수촌
에 경로잔치가 빠질 수 없다. 가수 송대관 · 조영남, 재즈 바이올리
니스트 유진박, 국악인 신영희 등 엔터테이너의 전면 배치도 달라
진 점이다. 세대 간의 균형도 놓치지 않는다. 청춘들의 놀이터를
확실하게 챙겨준다. 남녀 듀엣 '비쥬'를 앞세운 '청소년장기자랑'
을 위시하여 'KBS열창무대', '푸른음악회' 등으로 목청부터 활짝
열어젖힌다. 자전거 · 인라인스케이트 · 롤러블레이드 묘기대행진
은 본격적인 젊음의 무대. 이어서 'D.D.R 경연대회', '꽃돼지 등
전통가축 잡아가기', '여자팔씨름대회', '닭싸움' 그리고 초등학생
들의 재롱잔치인 '나비꿈나무페스티벌' 등으로 잔치 분위기를 한
껏 북돋운다.

체험 프로그램을 대폭 늘린 것도 눈에 띄는 변화다. 친환경농업
체험장에서 희망자는 손수 모내기를 해볼 수 있고, 오리농법의 일
환으로 청둥오리를 직접 방사할 수도 있다. 전통가축 체험장의 가
축 수도 50두로 크게 늘렸다. 반달곰 파트너로는 타조 대신 오소리
가 등장했고, 양서 · 파충류 생태학습장이 신설되었다. 짚 · 풀공예
체험장과 재래농기구 체험장, 나비장신구 만들기 체험장, 1회 때
망설이다가 미루었던 '나비연날리기대회', '6종 전통놀이(윷 · 널뛰
기 · 투호 · 줄넘기 · 고리던지기 · 제기차기)' 등도 추가되었다.

거듭 확인하지만, 텔레비전의 시대에 열린 통로는 '체험축제'로
의 방향이었다. 나비축제는 확실하게 '체험축제'를 향해 나아간다.
문서상으로는 밋밋해보일지 모르나, 실제 체험의 맛은 상상보다
짜릿한 것이다. 특히 관람객이라는 제3자가 아니라, 직접 몸을 비
비는 제1자로서의 경험이 추억을 연출하는 지휘봉 역할을 하기 때

문이다. 차츰 소싸움·닭싸움은 물러가고, 체험장과 생태학습장이 인기 메뉴가 되었다. 제3회 때 처음 시도된 '미꾸라지 잡기 체험장'과 '보리·완두 그스름 체험장'은 제10회 축제 겸 세계나비·곤충엑스포에서도 여전히 인기를 확인한다. '천연염색 체험장', '디딜방아·무자위 체험장'처럼 여건이 갖춰져야 가능한 체험들이 나중에는 '창포물에 머리 감기', '떡메치기', '보리피리 불기', '젓가락으로 콩·밤 집기' 등으로 굳이 나비축제 마당이 아니어도 가능한 체험으로 확산되었다. 모여서 함께 즐기는 것, 그것이 축제의 비밀이고, 축제의 매력이었던 것이다.

명품 브랜드 '나르다'의 탄생

나비 기념품 문제는 여전히 해결하지 못한 숙제였다. 첫 회 때 시장을 다 뒤지다시피 했지만 나오지 않았던 물품이 남도의 한 시골 축제에 사람 좀 몰렸다고 기다렸다는 듯이 새로 태어날 리 없다. 시간 여유를 갖고 백화점들과 시장통을 다시 돌았다. 상인들과 상담도 해보았다. 역시 없는 것은 없었나. 내신 상담의 결과로 보이는 유사 물품들이 상담 후 보름에서 한달 차이를 두고 저가 경쟁을 염두에 둔 조악한 상태로 시장에 나오기 시작했다. 중국·홍콩·일본 등지를 살펴보는 한편으로, 기념품을 함평군이 직접 만드는 방법을 논의해보기로 했다. 역시 기본원칙은 살렸다. 디자인 및 마케팅 파트너로서 외부 업체를 선정하되, 아웃소싱이 아니고 어디까지나 파트너십으로 간다는 거. 함평군 담당자가 진행의 한 주최가 되어 프로젝트의 맥락을 정확히 학습하며 간다는 거. 그렇게 연결된 신개념 마케팅의 신경망은 전원공격·전원수비의 함평군식 토털 사커로 예외없이 공유된다는 거.

나르다 브랜드로 생산된 여러가지 상품들. '나르다(Nareda)' 는 '날다' 의 프랑스식 표기이다.

　　공모를 했다. 공모 결과 '누브티스' 라는 디자인 전문회사가 선정
되었다. 나비를 주제로 한 브랜드 이름은 '나르다(Nareda)'. '나비
가 날다' 에서 '날다' 의 프랑스어 표기라 한다. 누브티스가 디자인
한 '나르다' 브랜드의 넥타이·스카프 등을 명품관을 통해 유통한
다는 마케팅 방식이 핵심 컨셉트였다. 좋은 예로 2002년 월드컵 때

히딩크 감독에게 '나르다' 넥타이를 선물했는데, 이 히딩크 넥타이가 히트하면서 나르다 넥타이 붐이 일었고, 덩달아 함평나비축제도 입소문에 오르는 외부효과가 제법 쏠쏠했다.

초기에 생산된 '나르다' 브랜드 상품은 주로 넥타이 · 스카프 외에도 모자 · 손수건 · 양산 · 브로치 · 귀걸이 · 머그컵 세트 등이었다. 이 상품들을 함평군청 · 광주시청 · 과천청사 등의 로비 윈도우에서 직영 판매하는 한편으로, 전국 유명 백화점이나 서대문 자연사박물관 로비 등 11곳에 판매를 위탁하는 방식을 병행했다. 행남자기 측에서 '나르다' 디자인을 라이센스하여 나비 도자기를 생산, 자체 네트워크를 통해 유통하기도 한다. 나르다 브랜드의 로열티는 상품 가격의 3% 수준. 99년 11월부터 디자인 개발에 들어간 '나르다' 상품이 2000년 4월에 처음 생산됨으로써, 2회 나비축제는 비로소 명품급 고급 브랜드부터 중국산 덤핑 액세서리까지 다양한 기념품 일습을 갖출 수 있었다.

'살아서는 이벤트, 죽어서는 전시관'

　　나비축제로 인해 가장 바빠진 사람 중의 하나가 정헌천 소장이다. 나비축제가 성공으로 끝남으로써 함평군 곤충연구소의 소장으로 정식 계약을 하고, 바로 2회 축제 준비를 시작하게 되었다. 첫 회 축제에 쓸 나비를 준비하면서 워낙 살벌하게 시간에 쫓겼던 터라 2회는 조금 느긋하게 준비를 하고 싶었다. 게다가 첫 잔치는 소개 자체가 의미를 가질 수 있지만, 2회 때부터는 축제장의 나비를 바라보는 사람들의 기대심리가 달라지기 마련이다. 더욱더 신비롭게 눈길을 사로잡지 못한다면 '나비'가 생산하는 아우라가 사라질 위험도 있다.

"살아서는 이벤트, 죽어서는 전시관"

　　첫 회 때는 시간에 쫓겨 대규모 양식을 포기해야 했던 나비들도 미리 넉넉하게 준비할 수 있었으므로, 2회에는 함평의 대표 나비 5종을 날리기로 계획을 세웠다. 유채꽃밭의 터줏대감인 배추흰나비는 기본, 자운영과 토끼풀을 먹이식물로 하는 노랑나비도 빠뜨릴 수 없었다. 노랑나비는 비행속도가 흰나비보다 훨씬 빠른데다 인기척에 민감해 날아다니는 시각효과를 높여주는 고마운 대상이었다. 그리고 함평의 대표 나비이면서도 한살이 주기가 길어서 안타깝게도 첫 회 양산을 포기해야 했던 호랑나비. 이제 시간은 문제가 되지 않았다. 먹이식물은 귤·유자·탱자나무 등. 제2회 나비축제의 얼굴마담 후보였다. 산제비나비(머귀·산초·황벽나무)와 검은표 범나비(제비꽃·팬지)까지 '함평나비 5형제'를 위시하여 모두 70종 5만 마리의 방사 계획을 세웠다. 전시할 나비·곤충 표본도 규모를 대거 늘렸다. 세계에서 가장 화려한 나비인 열대지방의 몰포나비 를 비롯해, 외국 곤충 5백 종 5천 마리의 표본을 추가했다.

온실을 늘리고, 먹이식물을 재배하느라 바쁜 와중에, 예기치 않 은 초청이 밀려들었다. 전국의 유명 백화점이며 놀이공원, 지방자 치단체, 농산물시장, 심지어 골프장에서도 정헌천 소장을 찾았다. 나비생태관·나비전시관을 만들어달라거나 나비 날리기 이벤트를 열고 싶다는 문의들이었다. 바로 지난해까지 "나비는 살아서는 이 벤트, 죽어서는 전시관"이라고 그토록 외치고 다녔던 바로 그 프로 젝트가 밀물처럼 밀려드는 것이었다. 세상의 이치란 그런 것이었 다. 그토록 간절했던 시절에는 메아리도 없던 그 프로젝트가, 기획 시상으로는 미침표 하나 다르지 않을 그 똑같은 프로젝트가, 봄철 한 번 보냈을 뿐인데 이렇게 반응이 달랐다. 봄이라고 다 같은 봄 이 아니었다. 99년의 봄은 정헌천 소장에게 다시 없는 운명의 봄이 었다.

입버릇처럼 되뇌었던 그 '살아 이벤트'와 '죽어 표본'인 나비들 을 바리바리 차에 싣고 전국 각지를 다녔다. 어떤 해는 1년 동안 12 차례나 이벤트가 이어진 적도 있었고, 3~4년씩 장기 계약을 맺는 경우도 있었다. 매달 나비 3천~4천 마리가 어딘가로 떠나갔다. 연 간 평균 20만~30만 마리는 넘는 분량이었다. 규모로는 잠실 롯데 월드에 세운 자연생태관이 가장 큰 것이었고, 가장 감격적인 이벤 트로는 2000년 4월 23일 오후 청와대 녹지원에서 열린 '지구의 날 기념 나비 날리기 행사'가 기억난다.

김대중·이희호 대통령 부처와 이석형 함평군수, 그리고 함평초
등학교 아이들이 함께 지구 모양의 바구니를 터뜨려 호랑나비와
검은표범나비 등 4천여 마리의 나비를 날렸다. '청와대 나비 날리
기' 행사는 바로 텔레비전 9시 뉴스와 일간지 일면 머리기사를 통
해 전국으로 캐스팅되었다. "제2회 함평나비대축제가 열흘 뒤에
열릴 예정"이라는 소식과 함께. 이보다 더 효과적인 홍보는 없었
다. 이보다 더 저렴한 텔레비전 광고는 없었다.

한국 곤충학계의 큰 별, 함평에 잠들다
남북한 나비 연구의 증인 이승모 박사

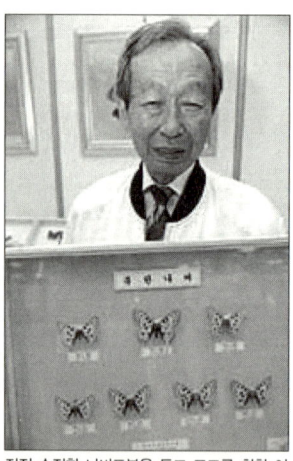
직접 수집한 나비표본을 들고 포즈를 취한 이
승모 박사.

꿈과 희망의 나비도 분단의 아픔은
비켜가지 못했다. 평생을 나비·곤충
연구에 바친 세계적인 곤충학자 이
승모 박사가 2008년 4월 15일 서울
경희의료원에서 85세를 일기로 세상
을 떠났다. 함평세계나비·곤충엑스
포가 열리기 불과 이틀 전이었다.
2000년 제2회 나비축제 때부터 함
평군 곤충연구소 상임고문으로 인연
을 맺고 함평 명예주민이 되어 나비

축제 성공에 이바지한 고 이승모 박사는 떠나는 마지막 발길로 나비·
곤충엑스포 행사장을 둘러본 뒤 제2의 고향 함평군의 천일추모공원에
안장되었다. 엑스포장 한쪽에 마련된 분향소에는 이승모 박사를 추모하
는 사람들의 발길이 끊이지 않았다.

이승모 박사는 백두산에서 한라산까지 남북한의 곤충을 모두 연구한 세계에서 유일한 곤충학자였으며, 미국·일본·중국 등에는 우리나라를 대표하는 곤충학자로 알려져 있다. 1923년 평안남도 평양에서 태어난 이승모 선생은 어려서부터 곤충에 관심이 많아 대동강 주변을 누비며 곤충 채집으로 유년기를 보냈다고 한다. 평양고등보통학교(중고등학교) 시절부터 박물반에 들어 본격적으로 곤충에 빠져들었고, 김일성종합대학 농생물학과에서 조류학자 원병오 박사의 부친이신 원홍구 박사에게 '동물학'을 배웠다. 1·4후퇴 때 그동안 모은 곤충 표본들을 싸들고 약혼녀와 함께 남쪽으로 넘어와, 고정적인 일자리가 없는 상황에서도 제주도·울릉도 등 전국을 누비며 곤충을 연구했다.

마흔이 넘어서 국립중앙과학관 연구관이 된 이승모 박사는 20여 년 동안 재직하면서 눈부신 업적을 남겼다. 『남과 북의 나비에 관한 한국 접지(蝶誌 : 나비도감, 1982)』, 『한반도 하늘소과 갑충지(甲蟲誌 : 하늘소도감, 1987)』, 『남과 북의 여치에 관한 한반두산 여치목 곤충지(昆蟲誌 : 여치도감, 1990)』, 『한반도산 잠자리목 곤충지(昆蟲誌 : 잠자리도감, 2001)』 등의 저서와 『한국산 여치목 곤충지』, 『한국산 딱정벌레류 곤충지』 등의 논문은 곤충류 분류 동정 자료로 귀중하게 활용되고 있다.

특히 잠자리 분야에서 연구가 미흡한 우리나라 여건에서 이승모 박사의 위상은 더욱 빛을 발한다. 국제잠자리학회 회원인 이승모 박사의 위상을 말해주는 에피소드가 있다. 2002년 7월 26일 대전 중앙과학관에서 제1회 국제잠자리학회 동아시아 심포지엄이 열렸다. 국제잠자리학회에서 동아시아지부가 독자적 활동을 시작하는 첫 학술대회로 일본·중국·오스트레일리아·러시아 등에서 43명의 학자가 참석했다. 그러나 당시 우리나라에는 잠자리학회가 없었다. 그때까지 우리나라에서 잠자리 연구로 학위를 받은 사람은 석사학위자 세 사람뿐이었다. 그런데 어떻게 동아시아지부의 첫 심포지엄이 한국에서 열릴 수 있었을까. 이승모 박사 덕분이었다. 국제잠자리학회 동아시아지부 회의에서 평생을 잠자리 연구에 바쳐온 이승모 박사의 업적을 기려, 첫 심포지엄 개최국으로 한국을 선택했던 것이다. 2001년에 출간된 이승모 박사의 『한반도산 잠자리목 곤충지』는 우리나라에서 유일한 잠자리도감이다.

2000년 8월 15일 임진각에서 '통일 기원 나비 날리기' 행사가 있었다. 플라스틱 통을 허공에 흔들며 통일 호랑나비를 날리던 이박사의 인터뷰 내용은 지금도 분단의 땅을 메아리치며 가슴을 에인다. "이산가족 상봉 신청을 하지 않았다. 복권 당첨보다 어려울 테니까. 그러나 그보다 더 이루고 싶은 한 가지 소원이 있다. 같이 나비를 연구했던 북쪽의 동창생들과 함께 공동 연구논문을 발표하고 싶다." 그의 꿈은 끝내 이루어지지 않았다. 꿈과 희망의 나비도 이 아픈 소원을 끝내 들어주지 못했다.

세계적인 나비 박사를 명예주민으로 모시다

제2회 나비축제에서 특히 잊지 못할 인연은 국립중앙과학관에서 은퇴한 월남 나비박사 이승모 선생을 함평으로 모신 일이었다. 99년 6월 당시 이승모 박사는 국립중앙과학관 연구관직을 정년 퇴임하고, 97년부터 국립식물검역소 인천지소에서 곤충자문관 일을 하고 있었다. 함평군의 제안을 받은 이승모 박사는 며칠 간의 숙고 끝에 선선히 평생 남북한 조국의 강산을 누비며 채집했던 5천 종, 5만 마리의 나비 · 곤충 표본을 함평군에 기증했다. 멸종된 붉은점모시나비 표본과 북한에서 천연기념물로 지정 · 보호하는 2종의 나비 표본도 포함된 희귀 자료였다. 연주노랑나비와 황모시나비. 남쪽에는 아예 없는 나비들이다. 한국전쟁 이전에 북한에서 채집한 곤충 10여 종 30여 마리의 표본은 북한에서만 서식하는 희귀종이고, 50~60년대의 곤충 1,200여 종 1만여 마리 표본도 생태계 파괴로 이제는 구하기 힘든 표본이어서 남한학계의 곤충연구에 귀중한 자료가 되고 있다. 함평군은 보답으로 이승모 박사를 명예주민으로 모시고 함평군 곤충연구소와 나비축제의 상임고문에 임명했다. 표본들은 2000년부터 곤충연구소 내 '이승모 나비·곤충관'에 전시되었다가 2006년 7월 대동면에 오픈한 함평 에코파크의 이승모 기념관에 영구 전시되었다.

이승모 박사를 함평에 모신 뒤, 정헌천 소장은 의미심장한 이벤트를 함께 치른다. 제2회 나비축제를 마친 뒤 여름이었다. 2000년 8월 3일~20일 서울 광진구 구의동의 테크노마트에서 열린 '남북·해외 평화의 나비축제' 행사였다. 청소년통일교육문화원과 함평군이 공동 주관하고 환경부와 환경운동연합 등이 후원한 나비축제에는 이승모 박사가 채집한 북한 나비 표본 1,200종 1만여 마리가 세계에서 가장 큰 알렉산더나비와 멸종 위기의 상제나비, 동남아와 페루 등에서 서식하는 나비의 표본 5천여 마리와 함께 전시되어 있었다.

그 중에서 특히 관람객들의 눈길을 끈 것은 정소장과 이박사가 직접 교배시켜 만든 '통일 호랑나비'였다. 5월 어느날 강원도 철원군 민통선 지역으로 나비 채집을 갔다. 북에서 넘어온 호랑나비 암컷을 채집해 함평에서 잡은 호랑나비 수컷과 교배를 시켰다. 그렇게 해서 부화에 성공한 나비를 '통일 호랑나비'라 명명했다. 축제 기간 중 8월 15일에 이 통일 호랑나비를 임진각에서 날려보내는 '통일 기원 나비 날리기' 행사가 있었다. 통일 호랑나비를 날려보내는 이승모 박사의 눈가에는 촉촉하고 아련한 아지랑이가 가물거리는 듯하였다. "나는 비록 고향에 가지 못하지만, 대신 너를 보내주마. 훨훨 날아가거라." 그 모습을 지켜보던 정헌천 소장의 눈가에도 촉촉한 무엇이 배어들었다. 나비를 통해 전해지는 이심전심의 감상이 오래도록 잊혀지지 않았더랬다.

호황 뒤의 위기, 나비 없는 나비축제?

세계로 뻗어가는 함평 나비의 아우라

2회 나비축제도 성황리에 막을 내렸다. 유료 입장객만 모두 75만 명. 첫 회 나비축제의 성공이 단순한 일회성 호기심이 아닐까 하는 우려는, 이로써 말끔히 가시게 되었다. 나비축제가 명실공히 명품 · 대박 프로젝트로 입증된 순간이었다. 기대하지 않았던 해외 손님까지 찾아와주었다. 일본 홋카이도〔北海道〕율산정〔町〕의 교육장 일행과 중국 연변 작가협회 부주석 일행이 함평으로 나비축제 견학을 온 것이었다. 일본 NHK 텔레비전에서는 함평의 나비축제 성공 사례를 3분 동안 보도했다. 방송에서 3분은 엄청난 시간이다. 평균 광고 비용의 초당 단가를 떠올려보면 방송 3분의 비중을 이해하기가 쉽다.

3회는 나비축제가 도약의 기틀을 다진 분기점에 해당한다. 천연 염색, 미꾸라지 잡기, 보리 · 완두 그스름 등 지금도 인기 만발인 체험 프로그램 태반이 3회 축제 때 확정된 것들이다. '마라톤 코스 중에서 가장 아름다운 코스'로 꼽히는 나비마라톤이 시작된 것도 이때고, 경비행기가 헬리콥터로 교체된 것도 이때다. 희한하게도 3회 때 교체되었거나 신설된 프로그램들이 모두 장수프로그램이 되었다.

외국인 관광객을 겨냥하여 세계화 전략에 눈을 돌린 것도 3회 축제 때부터였다. '현대음학회' 코너에 프랑스 출신 음악가 파스칼

콩떼를 초청한 것이 좋은 예다. 4개국어(한글·영어·일본어·중국어, 외국어는 이하 동일)로 홍보 리플릿을 제작해서 NHK·ABC·CNN 등 주한 외신기자(89개사)에게 릴리스하고, 외국인 대상의 아리랑 TV·YTN·Korea News 등에도 광고를 내보냈다. 외국인 유치 전문 112개 여행사에도 축제 자료 및 홍보 리플렛을 돌렸다. 처음으로 개막식을 3개국어로 동시 통역하고, 외국인을 위한 3개국어 관광안내소도 마련했다(안내원 14명). 눈에 띄는 성과로 사우디아라비아·폴란드·우크라이나 등의 주한 외교사절이 함평을 찾았고, 중국·일본으로부터도 외국인 관람객 5천명이 날아들었다.

물론 저 외교사절과 중국·일본 관광객들은 결과론이고, 이른 봄의 맨 앞장에 선 섣부른 제비 몇 마리일 수도 있었다. 그렇다 해도 왜 그랬을까. 당시 축제 담당자들은 자신감이 하늘을 찔렀다. 정식 행사일정은 5월 5일(토)~9일(수)이었지만, 사실상 4월 29일(일) 제1회 함평나비마라톤대회를 시작으로 전체 일정이 무려 10일에 달했다. 게다가 각급 학교 등 단체관광객의 열화와 같은 성원으로 축제 기간을 13일(일)까지 연장함으로써 실제로는 무려 보름 동안 축제를 치른 셈이었다.

나비생태관도 넓히기로 했다. 역시 열화와 같은 성원 때문이었다. 비닐온실 2동 5백 평, 나비 50종 6만 마리. 장수풍뎅이 등 10종 1천 마리의 살아 움직이는 곤충도 준비했다. 희귀나비 표본 전시관도 새로 마련했다. 북한나비 1만 마리 특별전, 세계 나비·곤충 5천 마리와 국내 나비·곤충 표본 5만 마리. 매일 5백 마리씩 나비 날리기를 하겠다는 야심찬 계획도 세웠다.

나비가 없다!

그러는 사이 큰 문제가 생겼다. 기획과 프로그램에 문제가 있는 것은 아니었다. 지난 두 해 동안 곤충연구소가 보여준 나비 관리 능력은 거의 신의 경지였다. 그 신뢰감이 축제 준비팀에게 저런 자신감을 심어준 것인지도 몰랐다. 그런데 예기치 않은 문제가 발생했다. 축제를 열흘쯤 앞둔 4월 말 어느날이었다. 축제에 쓸 10만 마리의 나비를 비닐하우스 온실 두 동에 반씩 나누어 사육하고 있었는데, 무슨 까닭인지 하우스 한 동에 있던 나비가 하루아침에 집단 폐사하고 말았다. 이유도 알 수 없었다. 새로 나비를 우화해보려 해도 열흘 남짓, 도저히 불가능한 기간이었다.

그런 낭패가 없었다. 하필이면 일정도 두 배로 늘리고 외국 손님까지 모시려고 초청장을 잔뜩 돌려둔 잔치에서, 게다가 매일 5백 마리씩 나비를 날리겠다고 새로운 호언장담까지 하고나선 잔치에서, 영문도 모르는 집단 폐사라니. 다른 방도가 없었다. 선택의 여지가 없었다. 멀쩡한 하우스에서 자라는 나비 5만 마리로 버티어볼밖에. 프로그램을 체크했다. 살아 있는 나비가 꼭 필요한 프로그램들을 정리해서 필요한 마리 수를 역산했다. 그리고 계산한 대로 나비를 풀었다.

아니나 다를까. 관람객들 사이에서 불평이 터져나왔다. 날이 갈수록 불만이 쌓여갔다. "나비축제에 나비가 안 보인다." 군수에게서 아무 대책이 없는지 묻는 전화가 왔다. 유구무언, 입이 있어도 그게 입이 아니었다. 그저 국으로 시간의 판결을 기다릴 뿐이었다. 전전긍긍, 무사히 축제가 끝나기만을 기도하고 있는데, 이게 또 웬일인가. 축제기간을 닷새 연장한다는 방침이 내려왔다. 각급 학교 등 단체관람객들의 요청 때문이라고 한다. 아, 이걸 엎친 데 덮친다고 하는 거로구나. 이걸 설상가상(雪上加霜)이라 하는 거로구나. 그저 또 눈을 질끈 감고 견딜 뿐이었다.

두 번 떠올리기 싫은 악몽 같은 봄날이 느리게 흘러갔다. 더 큰 문제는 그러고도 원인을 알아내지 못했다는 것이었다. 학계에 문의를 해보아도 뾰족한 답이 나오지 않았다. 아니 답 이전에 문제 제기조차 생소한 사안이었다. 함평처럼 대규모로 나비를 사육하는 사례가 세계 어디에도 없었기 때문에 어쩌면 당연한 일인지도 몰랐다. 결론은 정해져 있었다. 정헌천 소장이 스스로 길이 되고, 이정표가 되어야 했다. 앞선 발자국이 없는 길을 스스로 헤치며, 나비 사육에 필요한 지식과 기술을 직접 경험으로 축적해가는 방법밖에 답이 없었다.

원인을 밝힐 때까지는 나비축제가 불안하지 않도록, 만약을 위해 하우스의 수를 늘렸다. 몇 배수의 나비를 사육해야 했으므로, 가뜩이나 바쁜 일손이 더욱 바빠야 했다. 축제가 회를 거듭할수록 나비도 점점 더 다양해져야 했다. 더 다양한 나비라 함은 더 희귀한 나비란 의미였고, 희귀한 나비라 함은 주변에서 잘 보이지 않는 먹이식물을 먹고 산다는 의미이기도 했다. 희귀한 먹이식물, 그것도 초본(草本)이 아니라 목본(木本)일 경우, 나무의 성장속도를 감안해보면, 한 해 축제용 나비 사육을 위해 몇 해 전부터 묘목을 재배하느니 필요한 때에 필요한 만큼을 베어다가 먹이는 것이 효율적일 수가 있다. 그런데 그게 또 보통 까다로운 일이 아니었다. 베어온 것은 금방 시들어버리기 때문에 한꺼번에 많이 준비할 수가 없었다. 장기적으로 보아 재배하는 것이 효과적이라 해도 다양한 나비를 종류별로 구비하려면, 그보다 곱절로 넓은 부지가 있어야 할 터였다.

이런 일이 있었다. 정헌천 소장이 모처럼 집에서 가족과 함께 시간을 보내고 있는데 휴대전화 벨이 울렸다. 연구소에서 당직을 서는 공익근무요원이었다. 사향제비나비의 먹이식물이 떨어졌다는 것이었다. 나비는 섬세한 생명이어서, 살리기는 어렵고 죽이기는 쉽다. 먹이가 없으면 지체 없이 구해다 주어야 한다. 사향제비나비의 먹이식물이라면 등칡이었다. 등칡의 주산지는 중부 지역의 깊은 산간. 오대산 일대에 등칡이 많이 나는 지역을 알고 있었다. 정헌천 소장은 지체 없이 차에 시동을 걸었다. 그렇게 떠나는 정소장을 또 그러나보다 심드렁히 떠나보내는 가족들도 단단히 면역이 된 사람들이었다.

우리나라 나비·곤충 시장 100억 원 규모
나비박사와 나비마을

2006년 5월 13일 경기도 용인의 은화삼골프장에서는 환호성과 함께 1만5천 마리의 나비떼가 하늘로 날아올랐다. 나비가 살 수 있게 친환경 농법으로 코스를 관리하는, 친환경 골프장의 출범을 알리려는 이벤트였다. 흔히 골프장은 농약과 비료의 남용으로 환경파괴의 주범이라는 비판을 받아왔다. 은화삼골프장은 날려보낸 나비가 골프장 안에 머물면서 지속적으로 번식할 수 있도록 코스와 코스 사이의 조경지에 유채꽃과 여러 종류의 야생화 등을 먹이식물로 심어두었다.

이날 날린 나비의 값은 무려 3천5백만 원, 한 마리당 단가가 2,333원인 셈이다. 모두 함평에서 공수해온 것이다. 함평? 아, 그렇지, 함평나비대축제! 함평군 곤충연구소! 비슷하지만 아니다. 정답은 함평나비곤충마을협의회(이하 마을협의회)다. 마을협의회가 자체 사육한 나비를 납품한

나비의상을 입고 즐거워하는 꼬마 관광객.

것이다. 마을협의회 안에는 나비마을 · 굼벵이마을 · 사슴벌레(장수풍뎅이)마을 · 수서곤충마을 등 네 곳의 나비 · 곤충마을이 가입해 있다. 물론 함평군 나비축제 및 곤충연구소와 긴밀한 관계를 갖고 있다.

2008년에는 함평군 나비산업특구가 전국 79개의 지역특화발전 특구 가운데 지식경제부 선정 '2008 우수특구'로 선정되어 1억5천만 원의 포상금을 받았다. 나비산업특구는 함평군이 2008함평세계나비 · 곤충엑스포의 기반 시설 마련을 위해 마을협의회 등을 대상으로 2006년 6월에 지정했다. 마을협의회는 나비축제에 나비 · 곤충을 납품하고 1억5천 만원 안팎의 매출을 올린다. 나비축제와 엑스포 측은 나비 사육에 들어가는 비용과 인력, 기타 번잡한 신경을 생략할 수 있다. 신종 공생관계다.

마을협의회는 2005년 함평 곤충연구소의 자문을 받아가며 나비 사육을 시작한 몇몇 농가로부터 출발했다. 그렇게 10가구가 먼저 '나비 · 곤충마을'로 시작한 뒤, 다른 곤충마을들이 생기면서 지금의 마을협의회로 발전한다. 마을협의회가 생기기 전에는 함평군 곤충연구소가 매년 나비축제에 소요되는 나비 10만~15만 마리를 사육하여 공급했다. 2001년부터 몇 년 동안 골머리를 앓던 배추흰나비 과립병에 의한 폐사 문제를 해결한 것이 2005년. 그때 비로소 농가에 나비 사육 기술을 전해주었다.

농가들은 나비축제에 나비 · 곤충을 공급하는 것과 별도로 곤충시장을 개발하고 있다. 애완곤충, 표본 · 학습용 곤충 등 추정되는 곤충시장의 규모는 약 100억 원 정도, 일본의 곤충시장이 3천억 원 규모. 곤충산업의 파생 부가가치 창출 잠재력은 일본의 경우 연간 6조 원, 우리나라는 1천억 원 수준으로 추정된다. 이제 막 시작인 셈이다. 은화삼골프장 같은 신규 이벤트나 롯데월드·인천국제공항 부설 생태전시관 등에 소요되는 나비들도 곤충연구소가 다리를 놓아준다. 대량 구입 시의 가격은 위 골프장 사례에 준할 것이고, 소매 가격은 대략 5천~1만 원. 나비·곤충의 종류에 따라, 또 계절에 따라 값이 달라진다. 생산 단가와 희귀성, 사육 난이도가 천차만별인 까닭이다.

나비·곤충산업의 대부 격인 정헌천 소장은 마을협의회로 나비 사육 업무를 이관하고도 여전히 정신없이 바쁘다. 2007년 지금의 새 청사로 이전하면서 본격적으로 갖춘 나비 부화장과 번식장 등 연구용 유리온실이 수십 채다. 곤충연구소는 2008년 5월 27일 '배추흰나비 과립병 바이러스 유전체 완전 해독 연구 성과 발표회'를 가졌다. 세계 최초로 배추흰나비 집단폐사의 원인 병원체인 과립병 바이러스의 게놈을 완전 해독한 독보적인 연구 성과라 한다.

그동안 신활력사업(나비클러스터)의 일환으로 인제대(의과대학 이용석 교수), 전남대(농업생명과학대학 한연수), 그리고 함평군 곤충연구소(정헌천 소장) 등은 공동으로 연구진을 구성해왔는데, 이번 과립병 바이러스의 게놈 해독은 그 첫 번째 성과로 세계 특허를 출원 중이라 한다. 연구팀은 곤충산업의 전위 R&D센터로서 곤충호르몬·유해곤충·천적 관계 등을 연구하고 있다.

위기를 넘어 산업 클러스터로

이듬해 또 한 차례 폐사 사태를 겪는다. 다행히 여분의 하우스를 충분히 준비한 덕분에 지난번처럼 축제에 차질을 빚지는 않았으나 불안 요소는 여전히 해결되지 않은 상태였다. 끈질긴 연구 끝에 나비가 떼죽음을 당하는 원인을 밝혀냈다. 병명은 배추흰나비 과립병, 바이러스가 원흉이었다. 나비 애벌레가 과립병 바이러스에 감염되면 성체가 되어서도 계속 감염된 상태로 지내게 되는데, 심각한 것은 나비의 감염 여부가 육안으로 구분이 되지 않는다는 점이었다. 감염된 나비는 감염된 알을 낳게 되고, 감염된 알은 밀집해 있는 주위의 알을 감염시킨다. 애벌레끼리도 감염된다. 밀폐된 하우스 안에서 나비가 한살이를 나는 동안이면 거의 모든 나비가 감염되고도 남는다.

연구와 실험을 거듭한 결과 정헌천 소장은 과립병 바이러스의 감염 여부를 감별할 수 있는 징후를 알아냈고, 미리 체크할 수 있는 시스템을 갖추어, 집단 폐사의 위험을 비켜날 수 있게 되었다. 나아가 정소장은 나비 인공사육 방법과 집단 폐사의 예방책에 대한 연구를 더욱 체계화하여 2007년 경북 안동대에서 『한국산 나비류의 인공증식 기법 및 유전적 변이에 관한 연구』 논문으로 이학박사 학위를 받았다. 2008년에는 인제대 · 전남대 · 이화여대 등과 공동 연구로 '배추흰나비 과립병 바이러스(granulovirus) 유전체 완전 해독 연구'를 발표했다. 세계 최초로 배추흰나비 집단폐사의 원인 병원체인 과립병 바이러스의 게놈(Genome)을 완전 해독한 독보적인 연구 성과라 한다. 바이러스의 유전자를 완전 해독함으로써 배추흰나비 집단 폐사의 악몽을 완전히 씻을 수 있었을 뿐더러, 반대로 배추흰나비만 죽이는 과립병 바이러스의 정체를 완전 장악함으로써 오히려 배추의 입장에서는 해충인 배추흰나비만 겨냥해서 박멸하는(다른 나비에게는 해를 끼치지 않고) 농법도 가능해졌다 한다.

정헌천 소장의 최근 이슈는 나비 · 곤충 R&D 클러스터 구축 사업이다. 나비 · 곤충 R&D 클러스터 구축 사업은 크게 두 방향으로 진행되는데, 하나는 나비 · 곤충마을을 지원하는 것이다. 2005년에 나비 사육을 희망한 몇몇 농가로부터 시작된 나비 · 곤충마을은 어느덧 4개 마을이 연합하여 '함평나비곤충마을협의회'를 결성하는 규모로 발전했다. 또 하나는 곤충산업을 일으키고 곤충시장을 열어가는 것이다. 단순히 애완용 곤충이나 이벤트용 나비를 생산하는 시장 이야기가 아니다. 곤충산업은 정헌천 소장이 나비에 심취하던 초기부터 머리에 담아두었던 구상으로, 수천 년 전 인간이 누에에게서 실크를 얻어냈듯이 나비 · 곤충을 통해서도 새로운 산업이 가능하리라는 것이다. 벌써 거미에게서 초슈퍼 섬유의 가능성을 탐구하는 연구가 상당한 진전을 이루고 있고, 체중의 30배를 돌파하는 벼룩의 점프 메커니즘과 거머리의 혈액 응고력 등도 비밀이 다 벗겨진 상태라고 한다. 앞으로의 연구 성과에 따라 새로운 기능성물질이나 백신 · 미생물 등을 개발할 수도 있을 것이다. 정 소장은 현재 6개 대학이 연합한 '함평군 곤충산업지원연구회'(54명의 교수 연구진)를 운영하고 있으며, 대동면의 함평 에코파크 안에 '함평군 · 전남대 공동 R&D센터'를 개설하여 곤충 연구에 박차를 가하고 있다.

향후 10년을 이끌어갈 첨단 산업화의 과제
나비 · 곤충 생태관

농가소득이나 관광지로서 갖는 의미는 어디까지나 '지난 10년'에 주력해 얻었던 성과다. 하지만 함평의 '첨단산업기지'라는 목표는 지금부터 10년 동안 함평이 가꿔야 할 새로운 과제로 받아들여진다. 어쩌면 앞서의 두 목표보다 이것이 훨씬 중요한 목표일 수 있다.

함평의 첨단산업기지화 작업의 내용은 "나비·곤충연구소를 중심으로 나비와 곤충의 유용물질을 추출하여 엄청난 잠재력을 갖춘 산업클러스터를 구축한다"는 것으로 요약된다.

나비·곤충을 산업화시키겠다는 클러스터전략은 엑스포 개최 계획과 같이 진행됐다. 2005년 7월 지리산 송원리조트에서 열린 함평군 신활력사업워크샵을 아예 '나비·곤충산업 클러스터 구축'이라는 제목으로 개최했다. 이때 발간된 자료를 보면 함평을 세계 나비·곤충산업의 메카로 만들겠다는 강력하고도 구체적인 계획을 제시하고 있다. 이석형 군수는 "엑스포를 계기로 함평은 산업클러스터로 변모할 것"이라고 단언한다.

"나비축제 10주년을 기념해 2008년 축제와 함께 치러지는 2008 함평 세계나비·곤충엑스포는 함평이 산업클러스터로 가는 중요한 단초를 마련해 줍니다. 세계 유일의 나비축제를 모태로 전형적인 농촌지역인 함평이 세계적인 클러스터로 발전할 수 있을 것입니다. 이미 전국의 젊은 석학들이 우리 클러스터에 참여하고 있습니다. 전남대나 원광대 연구진들이 만든 1차 보고서가 있는데요. 나비 인공 사료가 개발됐고요. 염색체 지도가 나오는 등 진도가 상당히 나가 있습니다. 이번 국제학술대회를 통해 세계 석학들의 관심도 커졌지요."

중요한 것은 민간 기업의 참여다. 함평군은 이를 위해 2007년 6월 현재 20개국 60개 업체를 목표로 기업유치 마케팅을 적극 추진했다. 기업 유치가 중요한 이유는 엑스포 자체를 민간 참여 형식으로 운영하겠다거나 자금의 유치 등 엑스포 자체를 위한 것도 있지만 보다 중요한 것은 향후 산업 클러스터로의 전환을 위한 것이다. 이를 위해 기업 유치는 더욱 중요한 의미를 갖는 것이다.

엑스포에서의 기업 참여는 일단 기업홍보에 초점을 맞추고 있다. 2007

년 엑스포 조직위원회가 배포한 '2008 함평세계나비·곤충엑스포 기업 협찬 제안서'를 보면 함평군은 스스로에 대해 "기업 홍보에 필요한 훌륭한 이미지 메이킹 파트너"라는 점을 부각시키고 있다. 참여 기업은 ①함평의 깨끗한 이미지를 기업의 이미지에 반영시킬 수 있다는 점 ②문화사업에 대한 투자로 이익 환원의 이미지를 높일 수 있다는 점 ③어린이 교육과 관련된 사업이어서 잠재고객을 확보할 수 있다는 점 ④세계 규모의 행사여서 기업의 세계화 이미지를 심어줄 수 있다는 점 등을 강조한다.

이를 위해 함평은 엑스포장에 만들어놓은 나비·곤충생태관을 적극 활용한다는 방침을 갖고 있다. 함평군은 엑스포 기간 중 활용되는 이 생태관을 엑스포가 끝난 뒤 곤충생태연구센터로 전환시킬 계획이다. 기업들의 참여로 ①천적 또는 천연물질을 활용한 곤충산업 보육센터 ②한방·생약제·건강식품 등의 개발 ③전남대와의 공동 연구로 곤충생물분야 연구 등을 지속한다는 것이다.

이제 함평나비축제 10년의 꿈은 완성되고, 지금부터는 새로운 10년을 일궈나가야 한다. 그러기 위해서는 10년 동안 쌓아온 나비축제의 브랜드 파워와 노하우, 그리고 2008년 성황리에 지러신 엑스포상을 석극 활용해야 할 것이다. 나홍채 나비엑스포 조직위원회 사무총장은 이렇게 말한다.

"무엇보다 엑스포장을 상설화해야 합니다. 생태공원과 연결해 연중 테마파크로 만들 수 있겠지요. 물론 이때는 계절별 이벤트를 다양하게 만들어 1년 내내 관광객을 끌어들이겠다는 목표 아래 새로운 상품도 개발해야 할 것입니다. 하지만 가장 중요한 것은 곤충연구소를 중심으로 산업 R&D센터를 만드는 것입니다. 진정한 의미에서 함평을 나비·곤충산업 클러스터로 만들어야지요."

고객의 머리와 가슴에 스며들어라!

기적을 돕는 행운, 서해안 고속도로 개통

'나비 없는 나비 축제'라는 불평에도 불구하고 축제 기간 방문객은 123만 명. 첫 축제의 기적 같은 60만 명의 두 배가 넘는 수치다. 또 기적이다. 기적의 행진이다. 물론 '나비 없는 나비 축제'라는 불만은 4회 축제에 영향을 줄 것이다. 3회의 성과는 1·2회의 실적과 3회 홍보·마케팅의 승리인 것일 터. 방문객이 나비 폐사라는 속사정을 어찌 알 것인가. 운이 나빴으면 나비 폐사의 후유증이 4회 축제로 넘어갈 수도 있었다. 그러나 아니었다. 함평에게는 또다시 억센 행운이 기다리고 있었다.

2001년 12월 21일, 꼬박 11년 만에 90년 12월 착공하여 인천국제공항을 떠난 서해안고속도로가 서해안시대 개막을 외치며 최종 구간을 준공한 것이었다. 만약 서해안고속도로의 개통으로 가장 알찬 열매를 거둔 도시를 꼽으라면 단연 함평이 꼽히지 않을까 짐작된다. 서해안고속도로를 타면 서울 톨게이트에서 함평까지 3~4시간, 또 한 번 기적이 찾아온 것이다. 서해안고속도로가 열리기 전까지는 호남고속도로로 서울에서 광주 톨게이트까지 4시간, 광주-함평간 국도는 상황에 따라 1시간~1시간30분. 거기다가 광주 시가지를 벗어나는 시간을 감안하면, 5시간30분~6시간은 각오를 해야 하는 거리였다. 서울 시청에서 함평 군청까지 꼬박 10시간이 걸리더라는 사람도 있었다. 아무리 느긋하게 보아도 나비 구경하자고 마음먹고 선뜻 달려갈 거리는 분명 아니었다. 그런데 3시간이라면? 이건 전혀 얘기가 달라진다.

장소마케팅은 대체로 동심원을 그리며 팽창해가는 경향을 보인다. 교통수단과 도로망, 유행 트렌드 따위가 예외를 만들기도 한다. 서해안고속도로가 그 전형적인 예외 변수에 해당한다. 전라도 중심의 동심원적 팽창 패턴을 그리던 함평 나비축제로 하여금 단박에 원거리 마케팅을 가능하게 해준 기적의 변수가 바로 서해안고속도로였다. 서쪽으로 몰려드는 먼 길 손님들의 새 물결이 나비 폐사의 후유증 정도는 가뿐히 덮고도 남을 호재 중의 호재였다. 함평 나비축제의 신화는 서해안고속도로를 타고 그 화려한 고공행진에 더욱 박차를 가하기 시작했다.

함평 주위 교통망 "나비 앞으로 헤쳐모여!"
축제와 교통의 4차원 매트릭스

확실히 함평은 '교통복(福)'을 타고났다. 서해안고속도로 이후로 함평이 누리는 교통의 프리미엄이 없었다고 가정을 해보면, 함평 나비축제는 어쩌면 전라도의 지역축제로 자그마한 성공에 그치고 말았을지 모른다. "아, 맞아. 거기도 함 가야 되는데…." 싶은 그런 대상이 되었을지 모른다.

서해안고속도로가 나비축제 3회와 4회 사이에 가속도를 올려주는 '주마가편(走馬加鞭 : 달리는 말을 더 잘 달리도록 채찍질한다)'의 역할이었다면, 광주-무안고속도로는 활주로를 달려가는 비행기를 이륙시켜주는 '양력'의 구실을 했다고 볼 수 있다. 이 고속도로 덕분에 광주-함평 사이 소요시간이 20분 정도로 좁혀졌다. 함평에서 무안국제공항까지도 직선거리로 10여 분만에 주파가 가능하다. 광주시 서남부 지역에서 서해안고속도로로 접근하는 링크지역이 바로 함평이기도 하다. 두 고속도로를 거느림으로써, 함평은 호남고속도로·88올림픽고속도로·남해고속도로·광주—나주/광주—목포고속도로라는 고속 거미줄 망을 '장거리 진입로'처럼 활용할 수 있게 되었다.

게다가 광주—무안고속도로의 개통일자가 정말 드라마틱하다. 광주—무안고속도로의 완전 개통일자는 2008년 5월 28일. 함평세계나비·곤충엑스포 행사 기간이 4월 18일~6월 1일. 조금 늦은 감이 있다. 그러나 막바지 공사는 주로 무안공항 쪽의 잔여 코스였고, 정말 중요한 광주와 함평 사이 코스는 아슬아슬하게 4월 중순에 주행이 가능하도록 마감 날짜를 맞춘다. 흡사 나비축제에 선물이라도 안겨주려는 듯이.

해보면 구간을 공사하면서 함평에 고인돌공원과 사람 얼굴을 새긴 삼국시대 토기 등 고색창연한 선물을 안겨주었던 22번 국도도 2007년 7월로 확장·포장 공사를 모두 끝낸다. 23번 국도·24번 국도도 약속이나 한 듯이 2007년에 매듭을 짓는다. 무안국제공항이 자체 손질을 끝낸 것도 2007년 11월. 2004년 4월에는 뒤쳐져 있던 호남선 철도가 복선화 작업을 완료한다. 사실 경부고속철도 개통에 묻어간 느낌이 없지 않으나, 어쨌거나 36년 숙원사업이 그로써 완료되었고, 불완전개통이지만 서울—목포간 KTX도 운행되고 있다. 그리고 마지막 포인트. 나비축제 기간에는 시골역 함평에 KTX가 정차하여 손님을 받는다는 사실.

우연이라기엔 너무 신기하지 않은가. 함평 주위의 온갖 교통 여건이 나비축제와 행보를 함께하며 2008함평나비·곤충엑스포 행사를 겨냥해 추진되어온 듯한 저 데자뷰가.

고객의 머리와 가슴에 스며들어라!

이제 나비축제의 관건은 홍보와 이벤트였다. 축제의 기본 하드웨어와 프로그램들은 이미 안정적인 변주를 구가하고 있었다. 왔노라, 보았노라, 즐겼노라. "VENI, VIDI, VICI(왔노라, 보았노라, 이겼노라)"라는 저 유명한 레토릭의 저작권자인 율리우스 카이사르도 함평 나비축제에 손목 잡혔다면 멘트를 저리 바꾸었으리라. 과장이 조금 억지스럽게 읽혔을지 모르나, 요는 나비축제가 사람들로 하여금 천진하고 유쾌하게 놀이 속으로 풍덩 빠져들게 만드는 최면의 비결을 완벽하게 구가하고 있더라는 점이다. '오라, 보라, 즐기라' 는 구호가 카이사르의 함평식 변주쯤 되겠다.

2002년 2월 24일 노무현 대통령의 취임 기념으로 다시 한 번 '나비 날리기' 이벤트가 작렬한다. 새 대통령 취임에 나비 떼가? 텔레비전과 일간지의 뉴스 캐스팅은 두 말할 필요도 없이 대박이다. '뉴스학개론' 에 이런 말이 나온다. '개가 사람을 무는 것은 뉴스가 못 되지만, 사람이 개를 무는 것은 뉴스가 된다.' 희소성 · 아이러니 · 가십성이 어우러진 뉴스다. 한겨울 나비가 꼭 그랬나. 엄동설한에 웬 나비 날리기? 긴가민가하며 엉거주춤 찾아온 카메라는 온실 속을 날아다니는 나비의 자취를 담느라 정신이 없다. 함평 나비축제가 전국의 시청자들에게 확실히 눈도장을 찍는 순간이다. 2003년 5월에는 광주 망월동 추모 행사에 나비를 띄웠다. 나비는 고인의 명복을 비는 참배 분위기에도 숙연하게 어울렸다. 묘했다. 숙연하고 비장한 가운데 살짝 겹쳐지는 밝은 희망의 기운. 예상했던 대로 언론의 포커스가 함평으로 흠뻑 쏟아졌다.

함평 나비축제 홍보와 관련된 이벤트의 하이라이트는 2005년의 폴크스바겐 뉴비틀 사건이다. 함평군은 2004년 2월 24일에 '2008

함평세계나비·곤충엑스포'를 열기로 선포식을 갖는다. 2005년 1월에 국무조정실로부터 국제행사 개최 승인을 받고, 4월에는 행정자치부로부터 지방재정 투·융자 심사를 받는다. 그 무렵이었다. 수십억·수백억이 오가는 그 중요한 순간에 이석형 군수는 밑도 끝도 없이 군 예산으로 3천만 원짜리 외제차를 구입한다. 폴크스바겐 뉴비틀, 일명 딱정벌레 차. 성급한 언론에서는 이 군수의 돌출행동을 지적하는 비판 기사를 내기도 했다.

그러거나 말거나 뉴비틀에 빨간색 도색을 입힌다. 그리고 검은 반점을 군데군데 찍으니 영락없는 무당벌레다. 차 옆으로는 흰 글씨로 '2008함평세계나비·곤충엑스포'를 새긴다. 군수 스스로 무당벌레 차를 자주 타고 다녔고, 군 공무원이나 심지어 군민까지도 다른 지역을 방문할 때 이용하도록 권장했다. 단번에 분위기 역전. 이석형 군수에게는 '홍보의 귀재·이벤트의 귀재'라는 닉네임이 붙었고, 함평의 엑스포 개최 소식은 빠르게 뉴스 네트워크에 올랐다. 행자부의 투·융자 심사를 거뜬히 통과했음은 물론이다.

이같은 전방위 마케팅에 힘입어, 나비축제는 승승장구를 거듭한다. 4회 축제 때 방문객이 131만 명, 5회 때 143만 명, 6회 때 154만 명, 7회 때 163만 명, 8회 때 171만 명…. 3회 축제 때 워낙 엄청난 성과를 기록해버리는 바람에 별로 늘어나는 느낌이 들지 않아서 그렇지, 사실 매년 방문객이 평균 10만 명씩 늘어난 셈이다. 엄청난 성과다. 2003년부터 2005년까지 3년 연속 '국가지정 문화관광부 우수축제'(5회~7회 함평나비대축제)에 뽑힌 일은 전례가 없는 일대 사건이었다.

'나비의 꿈'을 위한 분기점, 엑스포

장장 45일(4월 18일~6월 1일) 동안의 대장정이 질붉은 노을 속에 대단원의 커튼을 내리기 시작했다. '2008함평 나비·곤충 엑스포'가 성황리에 끝난 것이다. 관람객 126만 명, 입장수입 93억 원. 요란한 성취와 떠들썩한 상찬의 말들도 조용히 저녁 어스름에 묻혀간다. 참으로 꿈결 같은 10년이었다. 무엇을 바라고 여기까지 왔던가. 무엇을 얻으려 이렇게 뛰어 왔던가. 그것을 보았던가. 그것을 얻었던가. 달콤한 피로가 밀려왔다. 이석형 군수의 귓전으로 좀 전에 들었던 〈호남가〉 가락이 느릿느릿하게 감겨들었다. 반쯤은 도달한 것 아닐까. 반쯤은 얻은 것 아닐까. 우리에게 나비축제는 무엇이었을까. 목표였을까, 수단이었을까. 아니면 그 자체로 존재였을까.

사실 함평에게 절실한 것이 나비축제 자체는 아니었다. 부임 첫겨울, 나비축제에 반대하던 어르신의 말씀이 떠오른다. "그걸 뭐에 쓸라간디?" 그랬다. 나비축제는 뭐에 쓰는 물건이 아니었다. 나비축제 10년에 맞추어 엑스포를 개최한 뜻이 거기 있었다. 나비축제의 에너지를 녹여서 함평의 에너지로 바꾸는 것. 경쟁력을 갖추면서도 경쟁에 매몰되지 않는 도시, 발전과 보존이 균형을 이루는 지역, 삶의 질과 여유를 간직한 생활환경, 그런 꿈이 가능하기는 한 것일까. 그래야 한다고 믿었다. 그것이 진정한 '나비의 꿈'이라고 믿었다. 엑스포가 그 분기점이 되어주리라 믿었다. 그렇게 만들고자 했다. 애초에 엑스포는 그렇게 기획된 것이었다.

지난 10년 나비축제를 진행해오는 동안 무수히 많은 상을 받았다. 그중에서도 훨씬 정이 가는 상이 있었다. 2000년 환경경영대상, 2001년 국토공원화사업 대통령상, 2002년 지속가능한 도시 대상, 2004년 환경관리 우수 자치단체 금상 등이 그것이다. 어디까지나 '지속 가능한 도시' 모델로 풀어야 한다고 믿었다. 엑스포 행사장의 설계부터가 함평의 장기적 가능성을 염두에 둔 것이었다. 나비축제와 함께 해온 10년 동안 축제 자체를 위해 쏟아 부은 투자는 없었다. 예산의 많은 부분이 도시 재정비·도로 확장·수로 정리·공익조경 쪽으로 쓰였다.

태양의 무한선물, 태양광 발전소
일거양득, 최첨단 지붕의 비밀

2008년 함평세계나비·곤충엑스포 제2주차장 부지에 2MW규모의 함평 태양광 발전소가 준공됐다.

함평천 옆, 나비축제 행사장 반대편에는 초대형 주차장이 있다. 엑스포 제2주차장, 57,342㎡. 축제 때면 수백 대의 차량이 가득 차고도 넘쳐나는데, 평상시에는 그냥 공터다. 아이디어를 냈다. 주차장에 전혀 방해가 되지 않으면서 평상시에도 놀리지 않는 묘책, 주차장 위로 지붕을 씌우는 것이다. 그냥 지붕이 아니다. 태양광 전지 판넬로 태양광 발전소를 세운다. 직사광선은 차에 해로우므로, 차에게 그늘을 만들어주니 일거양득이다.

태양광 발전은 생각보다 비용이 많이 든다. 전지 판넬이 워낙 고가이기 때문이다. 발전 효율을 제대로 내는 전지 판넬도 귀하다. 이번에 함평에 태양광 발전소를 세운 독일의 '볼트베르크'사는 최근에 축열 효율이 매우 높은 최첨단 전지를 개발했다. 그런 고감도 전지가 아니면 해외 진출은 수지가 맞지 않는다고 한다.

계약 방식을 보면 저들의 자신감이 어느 정도인지 실감이 난다. 부지 임대료는 15년 동안 일시불로 3억 원. 임대 부지래야 정확히 말하면 수십 개의 기둥자리와 지상 3m 허공이다. 설치 비용 130억 원도 스스로 부담한다. 발전한 전기는 쌍방이 일정 비율로 나눈다. 당연히 저쪽의 몫이 매우 높다. 100MW까지는 정부에서 매입해주기로 한다. 15년 뒤에는 발전소 전체를 이 땅에 고스란히 두고 떠나는 계약이다. 우리로서는 태양광을 무상으로 제공해주는 것 말고는 손해보는 게 없는데, 그래도 저들은 수익이 맞는다고 좋아하니 발전 효율이 보통이 아닌 것이다.

함평의 개발 키워드 '생태'

엑스포 행사장 설계의 핵심은 생태습지공원이다. 함평은 일조량이 많은 곳이면서, 동시에 강수량도 많은 곳이다. 독일의 태양광 발전 전문회사인 '볼크베르크' 사가 대한민국 전역을 면밀히 조사한 결과 태양광 발전 최적지로 함평을 꼽았을 정도다. 그렇게 일조량이 많은데 어떻게 비도 많이 올 수 있을까. 그게 지금 함평의 지리를 만든 핵심 변수였다. 높은 산도, 깊은 계곡도 없는데, 함평천지 너른 들을 가로질러 흐르는 함평천과 고막천, 두 줄기 강물의 평행선. 그 넉넉한 수량. 함평의 강수량은 여름으로 집중되어 엄청난 양의 물을 쏟아낸다. 번개에 천둥에 여름철 함평의 소나기 풍경은 장난이 아니다. 그 물을 담아두는 지하수맥이 발달하여 함평천지 들판을 촉촉이 적셔준다. 저 폭발하는 물, 1998년 가을 함평천 둔치에 처음 파종했던 메밀과 유채를 흔적도 없이 쓸어가 버렸던 것이 바로 저 홍수였다. 이를테면 '30년 만의 홍수', '100년 만의 물난리' 운운하는 큰물이 날 때면 정말 위험한 일이 생길 수도 있었다.

엑스포를 앞두고 새로 정비한 함평천은 종전의 둑방 개념에서 물에 대한 방식을 조금 달리했다. 기왕의 둑방은 물이 본래 가던 길로 가도록, 옆으로 한눈을 팔지 못하도록 강제로 막는 역할을 한다. 높고 튼튼한 것이 최고의 능력이었다. 물의 기세를 당할 수 없게 되면 무너진다. 마치 전쟁에서 수비군이 탱크에 툭, 무너지듯이. 무너진 뒤의 참상도 전쟁의 그것과 닮은꼴이다. 함평천 생태습지공원은 그 반대다. 물에게 지라고 만드는 둑이다. 평상시는 물이 제 갈 길로 가도록, 생태습지공원과 함평천 경계에 높지 않은 둑을 쌓는다. 큰 비가 와서 불어난 물은 그 얕은 둑을 쉽게 넘는다. 둑 너머에는 수백만 평의 거대한 댐—생태습지—이 기다리고 있다. 생태습지공원의 저수조마저 채우고 넘칠 큰 물은 없다고 보아도 좋다. 물의 흐름을 완만히 하기 위해 함평천변 둔치 가장자리도 일직선을 피했다. 곡선형 천변 구석구석에 물고기를 위해 어도(魚道)랑 생태숲도 마련했다.

나비혁명의 날갯짓은 어디로 향하는가?

개발의 여지가 많다는 건 그만큼 저발전 상태를 의미하기도 한다. 그처럼 자꾸만 발전에 뒤처지던 시대가 있었다. 지역 차별의 설움이기도 했다. 그 설움이 거꾸로 선물이 되는 시대가 되었다. 개발만능주의의 반전. 개발주의의 꼴찌가 환경주의의 선두인 역설. 어느덧 함평은 친환경의 선두주자가 되어 있었다. '친환경 청정지역'을 위한 함평의 노력에 자연이 응답을 해왔다. 서식지 오염에 시달리던 희귀 생물들이 속속 함평으로 날아들었다. 천연기념물 200호 먹황새와 324호 소쩍새, 448호 호사비오리가 함평에 둥지를 틀기 시작했다. 환경부가 '멸종위기 동물 제1호'로 정한 세계적인 희귀종 붉은박쥐(오렌지윗수염박쥐, 일명 황금박쥐) 160여 마리가 함평 대동면의 폐광 동굴에 집단 서식하고 있는 사실도 밝혀졌다. 함평군이 천연기념물 지정을 요청함으로써 붉은박쥐는 2005년 제452호 천연기념물이 되었다. 붉은박쥐 서식지 인근의 하천에서는 멸종위기 야생동물 1급 어류 '퉁사리'가 발견되기도 했다.

농약과 화학비료에 신음하던 산천이 이만큼 근본을 되찾는데, 친환경 전략에 전력투구하고도 10년이 걸렸다. 친환경 좋은 줄 누가 모르나. 이석형 군수가 내내 고민한 대목이 바로 이것이었다. 친환경 여건에서 경제적 대안을 어떻게 마련할 것인가. 대략 몇 갈래 활로는 이미 가능성을 확인한 것으로 여겨진다. 자운영쌀·오리쌀·나비쌀과 한우, 일본에 수출 중인 단호박·오이 등 '함평천지' 브랜드를 앞세운 농·축·수산물의 고부가가치 전략은 이미 충분한 성과와 경쟁력을 확인한 상태이고, 엑스포 행사를 통해 나비산업특구와 나비·곤충클러스터 등의 블루오션 마켓도 충분히 가능성을 보이고 있다. 감·연·쪽 등의 천연염색사업 영농조합과 창포 비누·샴푸·로션 등의 상품을 '나르다' 브랜드로 개발한 창포 영농조합 등도 좋은 반응을 얻고 있다. 고급 복분자 와인 '레드 마운틴'과 전국 최대 쌀 가공회사인 '대선제분' 등은 함평군의 '친환경 산업' 마인드에 호응하여 함평군에 둥지를 틀었다. 나비축제와 생태체험, 에코파크 등을 중심으로 재구성한 관광산업도 단단하게 기초를 다져가고 있다.

함평군의 고감도 자원봉사 네트워크와 연계하는 실버타운, 나비·곤충을 전문 분야로 특화하는 교육·연구타운 등도 장기발전 계획의 일환으로 검토 중이다. 삶의 질과 경쟁력, 두 마리의 토끼를 모두 버리지 않는 전략. 이석형 군수는 나비축제 10년이 그 모색의 시간 아니었겠느냐고, 최소한 기초공사는 충실하게 다져놓은 시간 아니었겠느냐고 되묻는다. 길 없는 길을 열어온 시간, 스스로 이정표가 되어야 했던 시간이 아름답다.

21세기는 환경의 시대다. 누구나 중요성은 알고 있지만 여전히 세상의 관성은 반대쪽을 향해 굴러가고 있다. 어느덧 환경이 목표가 되었다. 모두가 친환경을 노래하면서도 그토록 갈구하는 친환경으로부터 멀어지는 삶을 사는 이율배반의 메커니즘. 어쩌면 '나비의 꿈'은 그 이율배반의 자해극을 깨우치는 봄날의 씻김굿인지 모른다. 살인적 경쟁과 소외에 무너진 유체이탈의 현대성을 달래는 위무의 꿈인지 모른다. 나비축제 10년은 어쩌면 꿈을 잃어가는 현대인의 '꿈 찾기'에 대한 데자뷰였는지 모른다.

환경은 처음에 목표였다가, 어느 순간 성과가 되고, 그 성과가 수단이 되고, 다시금 명징하게 목표가 되었다. 적어도 함평 사람들은 그랬다. 친환경의 대명제를 끝끝내 놓지 않고, 신자유주의 숨가쁜 시스템 속에서도 당당하게 활로를 일구어낸 나비축제는 이미 혁명이다. 녹색의 혁명이고, 축제의 혁명이다. 사랑의 혁명이고, 그리움의 혁명이다. 친환경의 이름으로 피어나는 모든 꽃들을 나비 앞에, 그리고 함평 사람들 앞에 바친다.

2부
'맨땅에서 헤딩'은 어떻게 성공했나?
- 나비혁명의 배후

10년의 결산
– 함평의 성공이 전해주는 메시지

10년의 기적

10년. 이제 함평은 대한민국에서 가장 유명한 도시 중 하나가 됐다. 누구나 함평을 안다. 그리고 나비와 나비축제를 연상시킨다. 전문가들은 당연히 함평나비축제를 '가장 성공한 지역축제 중 하나'로 꼽는다. 세계에 내놓아도 손색이 없는 국내 몇 안 되는 축제로 평가한다. 각 지자체가 개최하는 축제의 수는 공식 · 비공식을 합해 연간 4,000개. 함평나비축제는 이 중 최정상에 우뚝 섰다고 해도 전혀 과장이 아니다.

나비축제의 성공은 축제기간 동안 함평을 방문한 관광객 수에서 단적으로 드러난다. 1999년 1회 때 5월 5일에서 9일까지 4일 동안 무려 60만 명의 관광객이 함평을 찾았다. 이후 관광객은 지속적으로 증가해 2001년 3회 축제 때 100만 명을 넘었으며 2004년에는 150만 명을, 2006년에는 170만 명을 넘어 국내 최대 축제 중 하나로 자리를 잡았다. 1~9회까지 관광객은 무려 1,120만 명에 이른다. 이중 상당수가 외국인 관광객이라는 점도 특기할 만하다. 처음으로 외국인 관광객이 집계된 2005년 6,000명에서 2007년에는 1만 명을 넘어선 것으로 함평군은 추산한다.

나비축제의 성과(1999~2007)

회차	1	2	3	4	5
연도	1999	2000	2001	2002	2003
기간	5.5~5.9	5.5~5.9	5.4~5.13	5.4~5.12	5.3~5.11
관광객	600	750	1,230	1,310	1,430
경비	249,537	335,000	504,950	452,000	660,000
수입	6,364,010	8,115,427	8,242,042	8,206,909	10,249,459

회차	6	7	8	9	계
연도	2004	2005	2006	2007	1999~2007
기간	5.1~5.9	4.30~5.11	4.29~5.8	5.3~5.8	
관광객	1,540	1,630	1,710	1,021	11,221
경비	645,000	690,000	707,000	600,000	4,843,487
수입	10,378,142	10,569,426	12,298,410	11,222,936	85,646,761

※자료=1.함평군/2.관광객수=천명/3.액수=천원/
4.수입액=직접수입(축제장내(입장료+나비상품 판매+참여소득)+음식점 등 민간소득)+간접수입(지역홍보+농산물홍보)

수입 역시 나비축제가 성공적임을 알려주는 지표이다. 2억5,000만 원을 지출한 1회 축제 때 간접 수입을 포함한 수입 총액이 64억 원에 이르는 것으로 집계되었다. 6억6,000만 원을 들인 2003년 축제 때 수입은 100억 원을 넘었으며 수입액이 가장 컸던 2006년 액수는 123억 원에 이르렀다. 9년 간 총 경비는 48억 원에 수입액은 856억 원으로 경비 대비 수입액은 18배에 육박한다.

그러나 성공은 여기에서 그치지 않는다. 2008년 함평은 세계나비 · 곤충엑스포를 치르며 한 단계 더 발돋움 하려 한다. 엑스포에서 만난 이석형 함평군수는 "이제 국내 무대가 아닌 세계 무대로 나아갈 것"이라고 자신했다. 축제는 더욱 성대하게 치러 세계 각국

관광객을 끌어 모으고, 각
종 기업을 유치해 곤충 클
러스터를 만들고, 환경을
중시하는 생태도시로 가
겠다는 것이다.

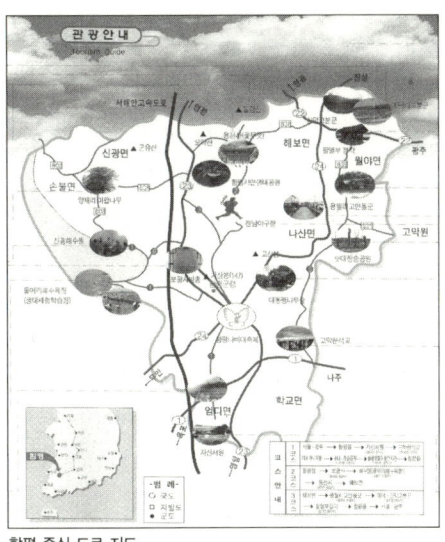

함평 중심 도로 지도.

게다가 희망의 싹조차
품어볼 기회가 없었던 군
민들의 패배의식을 말끔
히 날려버린 것도 더할 나
위 없는 성과다. 이제 누
구나가 해보겠다는 의지,
할 수 있다는 자신감 속에서 미래를 설계하고 오늘을 산다. 이런
유무형의 성공 자산은 쉽게 계량할 수 없을 정도다. 이 모든 것이
쌓여 미래를 위해 쓰일 온전한 투자자산이 되었다. 남발하는 감이
없지 않지만 이것을 '기적'이라는 말 외에 달리 무엇으로 불러야
할까.

함평의 성공이 전해주는 메시지

대성공을 거둔 축제이지만 자족하고 찬탄하는 것에 머물러서는
안 된다. 함평의 유례없는 성공 앞에서 이제 '어떻게?'에 관한 답
을 찾아야 하기 때문이다. 함평은 과연 '어떻게' 성공할 수 있었을
까? '어떻게' 그것이 가능했을까?

많은 이들이 이를 궁금해 한다. 관광객은 호기심 차원에서, 전문
가는 연구대상으로 함평의 성공 요인을 생각하고 연구한다. "함평
의 성공 요인을 그냥 지나쳐서는 안 된다"고 말하는 김현호 한국지

제1회 나비축제 현장.

방행정연구원 지역균형개발지원센터 소장은 "세계에 알릴 수 있는 국가 자산으로 모든 지자체가 벤치마킹할 대상"이라고 강조한다.

바로 이 말에 답이 있다. 이미 언급한 대로 대한민국 지자체에서 열리는 축제는 4,000여 개에 이른다. 가히 '축제의 사태'라 불릴 만한 수치다. 지자체들이 이렇듯 축제에 몰입하는 이유는 하나다. 축제를 지역발전 전략을 이뤄줄 가장 유력한 수단으로 삼기 때문이다. 날로 증가하는 관광 산업의 비중은 이런 경향을 더욱 부채질한다. 우리나라의 경우 관광 산업이 국민총생산에서 차지하는 비율은 20%로 세계 평균보다 훨씬 높은 수준이다. 이런 여건 속에서 지역 특유의 볼거리와 문화를 팔아 경제를 활성화시키고 삶의 질을 높인다는 전략은 거부할 수 없는 매력으로 다가온다.

하지만 안타깝게도 현실은 그렇지 못하다. 수많은 지역 축제 중에 성공 사례는 손가락에 꼽힐 정도다. 지방을 가보면 비슷비슷한 주제와 구성, 심지어 손님을 받을 준비조차 돼있지 않은 졸속 축제들이 널리고 널렸다. 축제를 통해 경제를 활성화시키겠다는 꿈은 커녕 오히려 지역 이미지나 나빠지지 않으면 다행인 경우들이다.

함평의 성공이 빛을 발하는 건 그래서다. 초기의 준비 과정을 보면 함평의 축제 역시 그와 비슷한 길을 걸을 뻔한 위기가 있었다. 그러나 그들은 이런 위기를 거뜬히 넘어서서 이제 세계적인 축제로까지 위상을 뻗어나가고 있다. 무엇이 이런 차이를 낳았는가? 그것

을 알아내는 건 지자체만
이 아니라 지역이라는 소
속에 뿌리를 내리고 사는
바로 우리들의 할 일이 되
었다.

함평 사람들은 나비의
운명을 이렇게 표현한다.
'살아서는 이벤트, 죽어
서는 전시관.' 그러나 함
평의 운명은 그와는 조금

꽃 위에 사뿐히 내려앉은 큰줄흰나비.

다르다. 대한민국의 현실이 함평에 '살아있는 표본', '살아있는 전
시관'이 돼줄 것을 요청하고 있기 때문이다.

3무(三無) 도시 함평의 기적을 일군 나비축제. 함평은 한국의 자
랑기리로 세계에 내놓을 수 있는 이 큰 자산을 어떻게 만들었을
까? 함평은 그 자신의 성공 경험을 통해 손을 내밀고 있다. 그 손
을 잡고 이제 그 흥미진진한 이야기 속으로 들어가 봐야 한다.

성공의 핵심 키워드
- "공무원에게도 열정이 있습니다"

공무원들과의 술자리에서 받은 충격

"그 중요한 축제를 왜 전문 컨설턴트에게 맡기지 않으셨나요?
공무원이 유능하다고는 해도 전문성이나 지식 면에서는 아마추어
아닌가요? 자체적으로 해서 실패한 사례도 많지 않았습니까?"

"그게 아니지요. 전문가여서 아는 것은 많겠지만 그 분들에게는
열정이 없어요. 그냥 기획하고 리포트 내고 행사 치르면 되지요."

"아니 열정이 없다고요? 그렇다면 공무원에게는 전문가에게 없
는 열정이 있다는 말인가요?"

"그럼요. 공무원에게도 열정이 있습니다."

2006년 4월 28일. 제8회 나비축제가 시작되기 전날 밤, 필자가
축제의 초기 기획자였던 이철행 당시 계장과 술 한 잔 걸치며 나눈
대화다. 인간은 충격을 받았을 때, 그 시간과 장소를 잊지 못한다
고 했던가. 지금도 그 술자리의 안주와 대화 하나 하나가 기억나는
것을 보니 그때 받았던 충격이 작지 않았나 보다. 축제 초창기 홍
보를 담당했던 장민섭 계장과 함께 했던 그 날, 두 계장은 함평이
자랑하는 함평 한우 생고기 집으로 장소를 잡았고 생고기를 먹지
못하는 나는 뜨거운 물에 고기를 살짝 데쳐 먹고 있었다.

자, 보자. '열정' 하면 생각나는 사람이 있을 것이다. 지금은 한
물 간 듯 보이지만 한 때 미국 GE를 반석 위에 올려놓은 것으로 평

가받는 잭 웰치 전 GE 회장이다. 그는 유난히 '열정'을 강조한 CEO로 정평이 나 있다. "열정적으로 일할 수 있는 직업을 선택하라" 했고 "살아남으려면 열정을 갖고 일하라"고 했다. 또 "열정이 없다면 직장을 떠나라"고도 했다. 그 스스로 열정적으로 일한 사람. 그가 바로 잭 웰치였다.

공무원? 많이 좋아졌다고는 해도 대한민국 사회에서 공무원에 대한 이미지는 여전히 부정적이다. '철밥통'에 복지부동으로 정년이나 채우려는 무사안일의 화신과도 같은 이미지를 갖고 있다. 그러나 함평군의 두 공무원은 지금 그게 아니라고 말하고 있었다. 보통 사람들에게 물어보면 어떤 답이 나올까? 전문가와 공무원 중에 누구의 열정이 더 클 것 같냐고?

십중팔구 나올 대답은 전문가일 것이다. 그런데 눈앞에 있는 두 사람은 그 반대라고 얘기하니 충격을 받지 않을 수 없었다.

끊임없이 이어지는 "왜"라는 물음

7~8년 전 일을 거의 놀랐던 내가 가장 궁금했던 점은 누가 이 축제를 처음 기획했느냐 하는 것이었다. 아이디어야 군수가 낼 수도 있었을 것이다. 하지만 어디 아이디어만 갖고 얘기가 되겠는가. 철두철미한 기획이 있어야 일을 추진할 수 있는 것 아닌가. 나는 막연히 누군가 전문 컨설턴트가 기획하지 않았을까 추측했다. 하지만 그게 아니었다. 공무원 전원이 한 명을 꼽았다. 바로 이철행 계장이었다. 새마을 모자에 점퍼 차림으로 남도 사투리를 쓰는 그가 이 큰 축제의 최초 기획자라는 말이 선뜻 와 닿지 않았다. 그래서 그날 받은 '충격'과 '신기함'이 더 도드라졌는지도 모른다.

도대체 그들이 말하는 '열정'이란 뭘까? 어떻게 일했기에 '열정적'이었다는 표현을 쓰는 것일까? 함께 술을 마시던 장계장이 답을 줬다.

"죽을힘을 다해서 일했습니다. 공무원 한 사람, 한 사람이 기획자, 홍보 담당자, 프로그램 책임자였습니다. 저만 해도 다른 지역에 사는 친구나 친척집에 갈 때 포스터를 잔뜩 싸들고 갔어요. 만나는 사람마다 나눠준 것은 물론 누가 시키지도 않았는데 길에 서서 모르는 사람들에게도 나눠줬지요. 함평나비축제 홍보 좀 해 달라고 제 돈으로 술도 많이 샀습니다."

일단, 열정적으로 일했다는 것의 의미는 알게 됐다. 누가 시키지도 않았는데 나비축제가 잘됐으면 하는 마음에서 자기 돈, 자기 시간을 써 가며 일했다는 것이다. 그러나 궁금증은 만족스럽게 풀리지 않았다. 여전히 '왜'에 대한 배고픔이 남았기 때문이다. 왜 그들은 자기 돈과 자기 시간을 써가면서 일을 했던 것일까? 이 답을 찾기란 쉽지 않았다. 이 계장의 말.

"우리도 참 신기했어요. 어떻게 이렇게까지 성공했을까? 일주일 동안의 축제 기간에 170만 명이 모인다고 생각해 보세요. 그런 축제가 어디 있겠습니까? 우리 공무원끼리도 많이 얘기했습니다. 그러다 '열정'이라는 단어가 나온 것이지요. '우리 시골 공무원에게도 열정이 있다.' 얼마나 멋있습니까?"

그의 말에서 '열정'이라는 단어가 나오게 된 배경을 들었다. 그러나 여전했다. 자신들도 왜 그랬는지 모른다고 하지 않는가. 그렇다면 이제 '해석'의 단계로 넘어가야 했다.

가장 먼저 떠오르는 것이 '인센티브'다. 열심히 일해 성과를 내는 직원에게는 돈이나 승진 등 뭔가 보상이 있어야 한다는 생각은 상식이다. 그것이 조직원의 성과를 이끌어 내는 '포지티브 전략'이다. 많은 경영학자들은 정부조직이 성과를 내지 못하는 이유로 인센티브가 없다는 점을 강조한다. 대다수 지자체가 각종 인센티브제를 도입하려는 것도 그 때문이다. 함평군 공무원들은 인센티브 때문에 열정적으로 일했던 것일까? 장 계장이 답을 주었다. "인센티브는 없었다"는 것이다.

그렇다면 생존을 위한 것인가? 민간 기업에서 해고의 위협은 조직원들의 성과를 이끌어 내는 '네거티브 전략'이다. 해고의 위협이 생기면 조직원은 생존을 위해 밤잠을 반납한다. 함평군 공무원은 해고의 불안감 때문에 열심히 일했던 것일까? 이 역시 답이 아니다. 지방의 작은 군청 공무원이라 해도 그가 공무원인 이상 정년이 보장되는 것은 마찬가지이다.

타성을 깬 전사적 마케팅

이제 그들의 말에서 '왜'를 추정해 보아야 했다. 곰곰 생각해 보면 그들이 열정적으로 일하게 된 몇 가지 배경을 찾을 수 있을 듯 싶었다.

가장 근원적인 것으로는 역시 위기감을 들 수 있을 것 같다. 함평은 자원도 기업도 사람도 없을 뿐 아니라 인지도도 낮은 극히 외진 지역이었다. 거기에 인구가 점점 줄어들고 그나마 남아 있던 사람들도 노인이 대부분이었다. 이 같은 상황이 계속되면 마을이 폐허로 될 것은 불문가지였다. 누군가 앞장 서 무언가를 하지 않으면

이 우울한 전망은 조만간 현실화될 상황이었다. 그렇다면 누가 고양이 목에 방울을 달 것인가? 실의에 찬 노인들이? 아니었다. 공무원들이었다. 가장 조직화되고 가장 교육을 많이 받은 집단인 그들일 수밖에 없었다. 게다가 첫 축제로 기획했던 유채꽃 축제는 시작도 하기전에 접어야 했다. 나비축제에 대한 그들의 부담과 위기감은 더욱 컸다. "위기를 이겨야 한다"는 절실함이 위기의식에 불을 당기고 그들에게 열정을 불러 일으켰던 것이다.

아울러 나는 이 대목에서 HP의 공동창업자 데이비드 패커드의 말을 떠올렸다. "마케팅은 너무나 중요해서 마케팅 부서에만 맡길 수 없다"는 말이다. 이 말은 마케팅업계 종사자라면 누구나 기억하고 있을 명언 중 하나로, 치열한 생존경쟁에서 고객을 관리하고 상품을 팔아야 하는 기업의 고충을 전하고 있다. 현대의 마케팅 전문가들은 따라서 모든 직원이 마케팅 담당자가 돼야 한다고 강조한다.

이것은 최근 각광받는, 이른바 '전사적 마케팅'과 관련되는 것이다. 전사적 마케팅에 관해 『CEO에서 사원까지 마케팅에 집중하라』를 쓴 니르말야 쿠마르 런던 경영대학원 교수는 이렇게 말했다.

"대부분의 기업이 고객 중심적이라고 말하지만 진짜 그런 기업은 드물다. 진짜 고객 중심적인 기업은 마케팅을 한 부서에만 맡기지 않는다. 기업 전체를 고객에 맞춰 다시 짜는 '전사적 마케팅'을 실행한다. 전사적 마케팅만이 조직 전체의 고객지향성을 향상시키기 위한 필수 역량을 키울 수 있다."

쿠마르 교수의 전사적 마케팅은 민간 기업에만 적용될 수 있는 것일까? 꼭 그런 것은 아닐 것이다. 모든 조직에 해당되는 말일 수 있다. 함평군의 사례는 그럴 수 있다는 사실을 일깨워 준다. 성공을 위해 조직과 조직원 전체가 고객지향적이 되어야 한다는 것은 민과 관의 차이가 없는 것이다.

아나나 다를까. 자세히 분석해 보니 함평이 운영한 시스템 역시 이와 다르지 않았다. 이석형 군수는 축제의 기획 및 추진을 위해 특정 담당과를 두지 않고 전원 참여 쪽으로 방향을 잡았다. "처음부터 공무원 전원의 참여를 유도하기 위해 일을 모든 부서에 조금씩이라도 할당했다"는 이 계장의 말에서 전원 참여, 전원 책임의 시스템을 알게 된다. 이렇게 함으로써 어느 한 부분의 미진한 참여는 곧 전체 축제에 장애를 줄 수 있다는 사실이 인지되었으며, 따라서 공무원 전원이 성공적인 축제를 만들기 위한 책임자가 된 것이다. 물론 각 과의 특성은 거의 고려되지 않는다.

이 전통은 10회 축제를 치른 2008년까지 계속되었다. 축제의 각 프로그램별로 업무가 할당되어 있어 책임소재가 분명하다. 2006년의 예를 들어보자. 문화관광과는 종괄진행, 전야제 한마당, 환경마당극 등을 맡고 있으며, 기획감사실은 전국어린이 동요제와 공성오광대놀이, 나비연날리기 등을, 총무과는 함평 마라톤 대회를, 자치민원봉사과는 나비·곤충 조형물 만들기 공모전, 전국 그림·글짓기 대회, 교통 및 주차 대책 등을 맡았다.

이 같은 '전원 참여' 시스템은 공무원 간 경쟁을 활성화시키는 효과를 가져 왔다. 이 계장의 말을 다시 들어보자.

"공무원들에게는 타성이란 것이 있습니다. 자신에게 주어진 일이 아니면 관심을 갖지 않지요. 다른 사람의 업무라는 생각 때문입니다. 따라서 맡겨진 일이 없으면 일을 하지 않고 좌절감에 빠지기 쉽습니다. '낙오자'라는 느낌을 갖게 되는 것이지요. 하지만 자기 부서와 자기에게 일이 떨어지고 거기에 경쟁이 붙으면 열심히 하게 됩니다. 각 부서와 개인이 스스로 만든 일정표를 만들어 놓으면 전 공무원이 와서 보고 갔으니 실적이 나쁜 공무원 마음이 오죽 했 겠어요."

결국 강한 의기의식과 전사적 마케팅 시스템이 공무원들의 타성 을 깨게 하고 강력한 열정의 불쏘시개가 됐다는 말이었다.

기업가형 리더십이 성공의 '열쇠'

이 모든 것도 리더의 열정을 빼면 성립되지 않는다. 두 계장은 공무원의 열정을 갖게 된 배경으로 이 군수의 열정을 꼽았다. 함 평군 공무원들은 이 군수 스스로가 나비축제의 창시자며 기획자이 며 프로그램 설계자가 되었다고 평가한다. 또 전원 참여 시스템 역시 그가 만들었다. 이 계장은 이 군수의 열정을 다음과 같은 말 로 표현한다.

"이 군수님은 모든 일정을 미루고 군 공무원과 정말 하루 종일 토론한 적이 여러 번 있었습니다. 공무원들은 군수의 그런 열정을 보고 감동을 받았지요. 일반 공무원들도 하루 종일 토론을 하려면 힘든 법입니다. 그런데 최고 책임자가 며칠을 그렇게 한다고 생각 해 보세요. 정말 그런 군수는 없을 것입니다."

어느 영역에서나 선각자적인 혜안을 가진 리더의 역할은 중요하다. 특히 함평군처럼 거의 전무에서 시작하는 경우에는 말할 것도 없다. 이 때 리더는 누구도 생각지 못했던 아이디어를 창출하고 시장에서의 기회를 찾아 조직을 던질 수 있는 힘이 필요하다. 종래의 행정 리더십의 중점이 무난한 관리에 있었다면 이제는 시장을 찾아내고, 기회를 선점하고, 더욱 확대하는 도전과 응전의 리더십이 필요하다는 것이다. 이것이 바로 요즘 이야기되는 기업가적 정부(entrepreneurial government)이다. 자치단체장이 기업가 정신을 통해 정부를 운영하는 것, 다시 말해 일반 기업체의 효율성과 도전정신을 본받자는 의미였다.

이석형 군수는 기업가적 정부를 위한 리더십을 제대로 갖춘 인물로 평가할 수 있을 것이다. 그 자신의 생각은 어떨까. 함평을 세계적인 도시로 키워낸 비결을 말해달라는 질문에 그는 이렇게 대답했다.

"특별한 게 뭐 있겠습니까만, 주식회사 함평의 CEO로 생각했다는 것이 중요했지요. 주식회사 함평의 CEO는 모든 사람을 고객으로 생각합니다. 군민도 고객이요, 관광객도 고객이지요. 그들에게 어떻게 감동을 줄까 고민했습니다. 그 생각이 함평의 발전을 이끌었다고 봅니다."

스스로는 '특별한 게 없다'고 말하고 있다. 하지만 이런 정신이야말로 현실의 경영에서 가장 절실하고도 '특별한' 자질임은 말할 것도 없다. 그런 이 군수의 리더십이 함평 성공의 가장 강력한 비결이 됐다.

어른들 말씀에 "꼭뒤로 부은 물은 종아리를 타고 흐른다"는 것이 있다. 원인과 결과의 근본이 어디에 있는가를 알려주는 해학이다. 그런데 그런 인과율이 함평에도 꼭 들어맞았다. CEO의 열정이 직원들을 깨웠다. 그의 혜안이 곧 사업이 되고, 그의 독려가 곧 모두의 열정이 되었다. 그가 만든 시스템이 수십 년 간 쌓여온 공무원 사회의 타성을 일거에 날려버렸다. 그가 일으킨 날갯짓의 미풍이 함평에 폭풍을 불러온 것이다.

상품이 다르다
– 차별화의 승리

함평의 '보랏빛 소'

현대 마케팅의 대가 세스 고딘이 말했다. 퍼플 카우(Purple Cow, 보랏빛 소)가 온다! 누런 소 갖고는 더 이상 고객의 관심을 끌 수 없는 기업이 보랏빛 소를 끌고 온다는 얘기다. 퍼플 카우. '약간 다른 것'으로는 승부를 낼 수 없다며 '아주 다른 것', 보는 순간 "와우"라는 감탄사가 나올 만큼 다른 것을 내놓으라는 것이다. 그는 이 퍼플 카우를 경이롭고 놀라운, 즉 리마커블(remarkable)한 상품으로 단언한다.

함평니비축제의 주제가 진부하다고? '나비' 자체는 그럴지 모른다. 전국 어디서나 흔하게 볼 수 있는 곤충이다. 그러니 이 곤충으로 축제를 하자는 아이디어는 자칫 비웃음을 살 수도 있었다. 그래서 아무도 하지 않았을 것이다. 하지만 역발상이라 했다. 이석형 군수는 이 흔하디흔한 '나비'를 메인 테마로 축제를 하기로 했다. 그리고 성공했다. 이것이 퍼플 카우였다는 사실을 이 군수도 뒤늦게 깨달았다.

"나비축제의 성공 요인 중 한 가지를 꼽으라면 단연 '주제'입니다. 일단 나비로 축제를 여는 국내 지자체는 한 곳도 없습니다. 제가 알기로는 세계적으로도 찾아보기 어렵습니다. 이것이 가장 큰 강점입니다. 거기에 사람들이 나비에 대해 갖는 인상이 너무 좋습

나비. 환상적 이미지는 나비축제의 성공을 이끈 중요 요인이었다.

니다. 영화에서도 꿈과 환상적인 장면을 그릴 때 꽃과 초원에서 나비 수 천 마리가 날아다니는 화면을 잡습니다.

　그만큼 우리는 알게 모르게 나비에 대한 환상을 갖고 있는 것이지요. 제1회 축제 때, 홍보도 준비도 제대로 되지 않은 상태에서 무려 60만 명이라는 엄청난 관광객이 몰려왔어요. 나비가 갖고 있는 환상적이고 대중적인 이미지 말고는 달리 설명할 길이 없습니다."

　이 군수는 어디서 이 아이디어를 얻은 것일까? 군수 취임 직후 그가 낸 아이디어는 유채꽃이었다. 하지만 이 계획은 제대로 시도 한번 못해 보고 막을 내렸다. 그리고 나온 것이 '나비'였다. 당연히 이 과정에서 이 군수가 가졌던 고민은 컸다. 특히 첫 축제 기획이 실패했다는 사실에 그가 갖게 된 심리적 고통은 이만 저만이 아니었던 것이다.

　"1998년 7월 1일 군수로 취임했습니다. 이후 매일 새벽 뒷산인 기산봉에 올라갔습니다. 보통 새벽 3시에 올라가 4시~4시30분 까지 있었지요. 그리고 무엇을 할까 생각했습니다. 정말 아무 것도 없는 지역이라는 생각이 다시 들었습니다. 현재 나비축제의 주 축제장인 함평천은 당시 쓰레기로 악취를 풍겼고 제방길에는 차도 다니지 못했습니다. 군수가 된 것을 후회하기도 했지요. 어쨌거나 뭔가 만들어야겠다는 생각으로 기획한 것이 유채꽃 축제였습니다. 하지만 같은 주제로 축제를 벌이는 제주도와 도저히 경쟁이 안 될 것 같더군요. 그래서 다시 고민 끝에 생각해 낸 것이 나비였습니다."

나비축제 이전 축제아이템으로 기획됐던 유채꽃밭의 모습.

나비축제를 준비하는 과정에서도 상당한 어려움이 따랐다. 다음과 같은 이 군수의 얘기에서 초창기 그가 겪었던 고충을 읽을 수 있다.

"반대 의견이 참 많았습니다. 유채꽃 축제를 준비하다 갑자기 바꾼 탓도 있었지요. 저는 세계 어디에도 나비축제는 없다는 점을 강조하며 설득을 했는데 그 말 그대로가 반론의 근거도 되었습니다. 세계 어디에도 없는 나비축제를 왜 하느냐는 것이었어요. 어르신들이 '젊은 군수 뽑아놓았더니 괜한 짓 한다'고 말씀하실 때 정말 괴롭더군요."

어쨌거나 1회 축제는 성황리에 끝났고 이 군수는 그 이유 중 하나를 '차별화'에서 찾고 있다. '차별화', 즉 달랐다는 얘기다. 마케팅 전문가들은 차별화를 세 가지로 말한다. 제품 자체가 타 제품과 다른 '물리적 차별화'와 브랜드에서 특징을 찾게 되는 '브랜드 차별화', 그리고 고객과의 관계가 특별한 '관계 차별화'가 그것이다.

함평나비축제는 이중 최소한 두 가지 점에서 차별화에 성공했다.

　무엇보다 '브랜드의 차별화'를 예로 들 수 있을 것이다. 함평나비축제에서 브랜드인 '나비'가 갖는 차별성은 매우 크다. 1회 축제 때만 해도 당시 400여 개에 이르렀다는 전국 단위 축제에서 곤충과 관련된 주제의 축제는 무주의 반딧불이 축제와 함평 나비축제 단 두 가지뿐이었다. 물론 나비축제는 함평 한 곳에서만 개최되었다. 꽃이나 전통놀이 관련 축제가 수백 가지에 이르는 것에 비추어 보면 단연 눈에 띄는 주제인 것이다.

언제나 프로그램의 신선도를 유지한다

　이 군수의 말대로 나비는 이미지가 매우 좋다. 우선 자연친화적이다. 나비는 꽃과 풀을 연상시키며 드넓은 잔디와 산이나 강을 떠오르게 만든다. 또 환상적인 이미지를 갖고 있다. 나비는 '꿈'과 '상징'을 의미하기도 한다. 몽롱한 상태에서 나비를 좇다 무릉도원에 도달하게 되었다는 옛날이야기는 나비의 환상적인 이미지를 대변해 준다. 뿐만 아니라 이 같은 이미지가 대중적이라는 데 장점이 있다. 나비가 주는 연상, 나비가 갖고 있는 이미지는 남녀노소 누구나 갖고 있는 것이다. 이런 이미지가 나비축제의 브랜드를 형성하고 차별화를 가능케 했다.

　그러나 그에 못지않게 중요한 게 또 있다. 바로 나비축제의 제품 차별화이다. 아무리 브랜드가 좋다 해도 제품 자체가 고객을 만족시키지 못한다면 브랜드에 대한 충성도는 떨어질 수밖에 없다. 프로그램의 신선도를 유지한다는 것은 나비축제의 제품 차별화에 기여하는 요인이다. 함평은 매회 축제가 끝나면 축제의 각 프로그램을 평가해 비인기 프로그램을 빼고 새로운 프로그램으로 대체하는 작업을 지속적으로 했다. 이와 관련해 이석형 군수는 다음처럼 말하고 있다.

"PD출신이란 점이 프로그램 편성에 큰 도움을 주었습니다. 같은 주제를 새롭게 만들어라! 그게 PD가 해야 할 일이고, 늘 고민하는 일이거든요. 8·15도 3·1절도 매년 옵니다. 또 매년 특집 프로그램을 준비해야지요. 똑같은 8 15라 해서 똑같은 프로그램을 방영할 수 없는 것이지요. 축제도 똑같다고 봅니다. 매년 하는

함평군은 베짜기·패러글라이딩 등 특별한 프로그램으로 '제품 차별화'에 나서고 있다.

축제지만 프로그램은 매년 바뀌어야 하는 것입니다."

장민섭 계장의 말도 같은 맥락이다.

"매년 프로그램이 동일하다면 한번 찾아왔던 고객은 두번 다시 찾아오지 않을 것입니다. 또 그럴 필요도 없겠지요. 프로그램과 관련해 가장 중요한 것은 늘 새로워야 한다는 것입니다. 축제가 끝나면 2~3개월 내 평가보고서가 나오고 프로그램별 평가가 포함됩니

다. 인기가 없는 프로그램을 없애고 새로운 프로그램을 첨가하는 일이 프로그램 구성 중 가장 중요한 일입니다."

예를 들어 보자. 2005년 나비축제 때 포함되었던 다음 프로그램은 2006년 프로그램에서는 빠지고 대신 새로운 프로그램이 첨가되었다. 투계장이나 정밀기계 축소모형 전시회, 러시아 볼쇼이 음악회, 전국 패러글라이딩 대회, KBS 열창무대, 연날리기 등 2005년 개최되었던 각종 프로그램은 2006년 행사에서 삭제되었다. 반면 정크 아트 작품전, 읍면 대항 줄다리기, 젓가락으로 물건 집기, 손수레 체험장, 외국인 장기 자랑, 염소 젖짜기 체험, 나비철학관 등은 2006년에 신설된 프로그램이다.

함평나비축제와 체험마케팅

함평나비축제의 제품 차별화와 관련된 또 하나의 특징이 있다. '체험 마케팅'은 제품 측면에서의 차별화를 위해 함평이 시도했던 대표적인 상품 개발 사례다. 나비축제는 첫 회 때부터 다양한 체험용 프로그램을 운영했다. 그림 · 글짓기 대회, 씨름 · 투우 대회, 장기자랑 등 전통적인 참여 프로그램 외에 벌꿀 채밀 실습은 전형적인 체험 프로그램으로 꼽힐 수 있을 것이다.

이후 축제를 구성하는 체험 프로그램은 폭발적으로 늘어난다. 2002년 4회 나비축제 때는 체험 프로그램이 '생태 체험 학습'이라는 하나의 부문으로 자리 잡았다. 10여 가지의 체험 프로그램 중 대표적인 것은 다음과 같다.

나비축제의 대표 체험 프로그램(4회)

행사명	내용
천연염색 체험	체험관, 전시관, 문화상품 발표관 운영 등
창포물에 머리 감기	창포물에 머리 감기, 창포이슬 화장수 체험 등
친환경 농업 체험	친환경 농업 소개, 짚풀공예 체험, 농경생활 체험 등
보리 · 완두 그스름 체험	전통짚공예 웨에서 보리 · 완두 그스름 체험하기
나비도자기 체험	도자기 직접 빚어보기, 초벌구이 무늬넣기 등

※자료=함평군: 제4회 함평나비대축제 프로그램 소개서
기타 체험 프로그램: 전통가축몰이 체험/미꾸라지잡기/전통민속놀이 체험 등

무엇이 고객의 감성을 건드렸나?

이처럼 나비축제의 성공은 브랜드와 제품의 차별화를 통해 가능
했다. 흡사 몽유도원을 꿈꾸게 하는 듯한 나비의 이미지. 새로움에
대한 고객의 원초적 욕구를 이끌어온 축제 프로그램의 발전. 하지
만 무엇보다 빼놓을 수 없는 게 하나 더 있다. 더 강한 차별화, 결
코 대체될 수 없는 나비축제만의 독창성을 유시하기 위해 빌인 함
평 군민들의 노력이 그것이다.

예를 들어보자. 함평의 나비축제의 슬로건은 예나 지금이나 변함
없다. "함평으로 나비 보러 오세요." 그러나 이 대주제를 보완하는
부제들은 끊임없이 모습을 달리해 왔다. 2005년의 경우는 "나비와
곤충과 꽃이 만드는 미래의 세계로", 2006년엔 "나비의 비상! 2008
함평 세계나비 · 곤충 엑스포"로 바뀌는 식이다. 그처럼 축제의 방
향이 매 시기, 매 사안마다 달라짐으로써 고객들은 같은 나비를 감
상하면서도 어디에 방점이 찍히느냐에 따라 새로운 감각, 새로운
방향 아래서 축제를 즐길 수 있게 되었다. 달리 말해 동일한 대주

제 아래서도 함평의 나비 브랜드는 끊임없는 변주와 진화의 길을 걸어왔다는 것이다.

제품 차별화 역시 마찬가지다. 연구자들이 지역 축제의 성공을 위해 필요한 조건으로 빼놓지 않는 것이 객관적인 평가와 결과의 피드백이다. 함평 나비축제는 그런 측면에서도 가장 모범적인 모습을 보여 왔다고 해도 과언이 아니다.

함평군은 내부적 평가만이 아니라 외부의 기관을 선정해 지속적인 피드백 작업을 시행해 왔다. 빠듯한 예산에 시달리는 군 단위 행정에서는 그조차 무시할 수 없는 부분이다. 그럼에도 이런 시스템을 고수하는 이유는 분명하다. 객관적인 시각을 확보하고 가장 정확한 평가 작업을 시행하기 위해서다. 고객의 관심을 이끌고 늘 새로운 감각을 불러일으키는 프로그램의 선정과 재선정 작업이 이처럼 면밀한 작업을 통해 가능해졌음은 물론이다.

나비축제는 어떻게 성공했는가? 파고 들어가면 결국 고객의 호응이 그 근본에 놓여 있다. 그렇다면 그 근본으로까지 촉수를 뻗어 내려 성공의 돌파구를 연 것은 무엇이었나? 브랜드의 차별화와 제품 차별화를 위한 부단한 노력과 피드백이 고객의 감성 폭발을 일으킨 도화선의 역할을 했다.

튀어라, 그것만이 살 길이다

청와대를 상대로 한 '대담한 쇼'

한때 이석형 군수를 곤경에 빠뜨리기도 했지만 최고의 홍보효과를 거두게 해준 뉴비틀 차량.

문제는 결국 홍보다. 아무리 좋은 상품이라도 알려야 살아남는다. 상품과 정보가 홍수인 세상에서 그것만한 생존 기법이 없다. 돈 많은 대기업이야 TV나 신문·잡지에 펑펑 광고를 낸다. 하지만 시골 군수에게 이 같은 예산은 꿈도 못 꾼다. 어떻게 알릴 수 있을까. 이 군수는 "별별 생각을 다 한다"고 말했다. 욕먹어가며 없는 돈에 뉴비틀을 산 것도 이 때문이다. "여기서기 언론이 관심을 가져 줘서 덕분에 홍보 잘 했다"며 너털웃음을 지었다.

이 군수가 '뉴비틀 타기'처럼 한 편의 이벤트를 펼쳐 함평과 나비축제를 전국에 알린 예는 많다. 2003년 5월 광주 망월동 참배 행사장에서도 이 군수는 지면을 장식할 수 있었다. 수천 마리의 나비를 날리는 세리머니를 가졌던 것이다. 이 이벤트로 그는 세 가지의 긍정적인 효과를 얻어냈다. 고인들의 명복을 비는 참배 행사 자체를 의미 있게 했으며, 언론의 관심을 끌었고, 주요 VIP 인사들로부터 호의적인 반응을 이끌었다. 가히 '이벤트의 귀재'란 말을 들을

함평군에서 제공한 나비를 날리며 추모식을 가진 2003년 5·18 민주항쟁 기념식.

만했다.

　이 정도에서 그치지 않았다. 그는 중앙정부의 지원을 받아내기 위한 대담한 '쇼'도 했다. 권력의 핵인 청와대 한복판에서. 그것도 청와대에서 초청을 받았다거나 한 게 아니다. 전적으로 이 군수 스스로, 과감하게 그 이벤트를 만들어 낸 것이다. 2006년 12월의 일이었다. 그의 얘기를 들어 보면 심지어 무모하다는 생각까지 든다.

　"김대중 정부 시절 다짜고짜 청와대에 전화를 걸어 대통령 앞에서 나비를 날리며 축제 성공 가능성을 알리겠다고 했습니다. 당연히 담당자는 안 된다고 했지요. 하지만 결국은 해냈어요. 대통령은 안 계셨지만 영부인과 수석들 보는 앞에서 시연을 해 보였습니다. 좋은 제안을 당신이 묵살했다고 대통령이 아시면 어떻게 하겠느냐는 협박이 먹혀들었던 모양입니다."

말 그대로 온몸을 이용한 육박전의 느낌이다. 그런데 생각해 보면 그렇다. 가진 게 아무 것도 없는 상황에서 할 수 있는 일이란 무엇인가? 주어진 조건을 훌쩍 뛰어넘어 세간의 상식을 와장창 깨는 방식을 통해서라도 고객의 시선을 잡는 방법밖에는 없다.

청화대 나비시연.

자기 몸의 수십 배 길이만큼 점프를 할 수 있는 벼룩은 어떤가. 곤충학자들은 벼룩의 이런 능력이 다리근육의 레실린이라는 고무 때문이라고 한다. 그러나 더 중요한 건 벼룩이 무엇 때문에 그런 능력을 갖추었느냐는 점이다. 결국 눈에 잘 보이지도 않을 정도로 작은 몸이 아니라면 점프 능력을 갖출 필요가 없다. 코끼리가 벼룩처럼 뛸 필요가 없는 것처럼 말이다.

문제는 두려움을 이겨내는 것이다. 범법만 아니라면 무슨 일이든 시도하겠다는 결의가 있어야 성공할 수 있다. 그것이 청와대를 상대로 대담한 이벤트를 벌인 '홍보 귀재'의 성공 노하우였다.

부족하니 더욱 튀어야 산다

대부분의 지자체가 홍보에 고통을 겪고 있다는 것은 상식이다. 뭐든 알려야 할 텐데 돈이 없으니 방법이 쉽게 떠오르지 않는 것이다. 지자체가 기사 한 줄, 방송 한 장면에 열과 성을 다해야 하는 것도 이 때문이다. 더욱이 축제와 같이 '사람을 끌어 모아야' 하는 사업은 홍보가 절대적인 역할을 한다. 이유는 뻔하다. 알아야 오고 모르면 오지 않기 때문이다.

PD 출신인 이 군수가 '홍보의 귀재'로 알려진 것은 어쩌면 자연스러운 일일 수 있다. 일단 이 군수가 PD 출신이라는 점이 한 몫을 한다. 홍보의 가장 기초 기술인 보도자료 쓰는 법을 아는 것이다. 보도자료는 기자의 관심을 끌고, 기자들이 기사를 쉽게 쓸 수 있도록 만드는 것이 중요하다. 이석형 군수는 다음처럼 말한다.

"처음 군수가 되고 가장 먼저 고친 것 중 하나가 보도자료 쓰는 것입니다. 대다수 공무원들은 보도자료가 뭔지도 모르더군요. 그냥 아무렇게나 쓰면 되는 줄 알고 있었어요. 기자나 PD 입장에 서본 적이 없기 때문입니다. 처음에는 이렇게 저렇게 쓰라고 구체적으로 알려줬더니 나중에는 알아서 하더군요."

함평군의 홍보 담당인 장민섭 계장도 이 부분에 동의한다.

"처음에는 왜 이렇게 써야 하나 생각하면서도 군수가 시키니까 했지요. 그런데 기자들의 태도나 관심이 다르더군요. PD 출신이라 확실히 다르다는 것을 알게 되었습니다."

이 군수가 언론인 출신이라는 점은 언론인과의 개인적인 친분 관계에서도 도움이 되었다. 특히 초기 나비축제의 홍보에서 이 부분은 상당한 도움을 주었던 것으로 평가받는다. 대부분의 축제는 초기에 관심을 끌지 못해 사장되는 경우가 많다. 군수가 언론과

친분이 있다는 점은 이 부분에서도 강점을 갖는다. 장민섭 계장의
말이다.

"1~2회 때 방송을 많이 탔어요. 시골에서 하는 축제치고는 언론
이 관심을 많이 보였다고 봅니다. 보도자료 잘 쓰고 '나비'라는 주
제가 차별성이 있다고 하겠지만 그것만으로 되었을까 싶습니다. 이
군수가 방송 PD 출신이어서 좀 도와주지 않았나 생각이 들지요."

또한 이 군수는 언론의 주목을 받을 만한 이벤트를 많이 벌인다.
'튀는 행동'으로 언론에 다양한 주목을 받아왔다. 이벤트는 마케팅
인 동시에 PR의 수단이기도 하다. 이벤트를 개최하며 그 내용을 보
도자료로 만들어 언론에 배포하면 이벤트 역시 중요한 뉴스 소재
가 될 수 있다. 특히 독자들의 관심을 끌만한 이벤트라면 당연히
기자가 찾아오고 뉴스가 된다. 만일 이 이벤트가 규정과 관련된 이
해집단이나 VIP 앞에서 행해지는 것이라면 언론 홍보 효과는 물론
이해집단으로부터도 매우 긍정적인 평가를 받게 된다는 1석2소의
효과를 얻게 된다.

이 군수 스스로도 이 같은 이벤트가 홍보용임을 너무나 잘 안다.
그는 어떻게 해서든 나비축제를, 돈 안들이고, 세간에 알리기 위한
전략으로 이벤트를 벌이고 있는 것이다. 이 군수를 처음 인터뷰했
던 2005년 10월 그가 했던 말이다.

"2005년 나비축제 홍보예산이 3,000만원에 불과했습니다. 과거
에는 더 적었지요. 함평군도 나비축제도 남들에게 알리기는 해야
겠는데 무슨 돈으로 그렇게 하겠습니까? 그냥 튈 수밖에 없습니

다. 튀어서 어떻게든 남의 눈에 띄는 것이 중요하지요. 이벤트는 그래서 필요한 것이지요."

2008년의 엑스포와 관련해서도 다양한 이벤트를 도입했다. 가장 중요한 것이 스타마케팅이다. 이 군수는 2007년 6월 프레스센터에서 김원기, 엄홍길 등 스포츠 스타 16명을 엑스포 홍보대사로 위촉하는 이벤트를 벌였다. 올림픽이나 세계 경기에서 한국을 빛낸 스포츠 스타를 한 자리에 모았다는 것만으로도 뉴스 가치를 갖고 있는 것이다. 많은 신문·방송이 이 뉴스를 전함으로써 이 군수는 다시 한 번 '이벤트의 귀재', '홍보의 귀재'라는 평가를 받았다.

"우리는 브랜드 도시로 간다"

명품 브랜드 없이는 명품 도시도 없다

"기념품도 되고 홍보도 되고 지역 이미지도 좋아지고 팔아서 수익도 남기고…. 좋잖아요."

함평나비축제를 활용한 명품 브랜드 '나르다'를 왜 만들었느냐는 질문에 이석형 군수는 명쾌한 답을 준다. 그래, 어떻게 보면 당연하다. 명품 브랜드 제품을 만들면 여러모로 도움이 될 테니. 그래도 '왜'라는 의문이 중요한 것은 나르다는 '남이 하지 않는 짓을 골라 하는' 이 군수의 성격을 보여 주는 또 하나의 사례인 탓이다.

세계적으로 보아도 명품 도시의 위상은 명품 브랜드의 존재가 지렛대처럼 떠받치는 경우가 많다. 예를 들어 '패션 파리'가 18세기부터 세계 제1의 패션도시로 입지를 굳혀오는 데에는 고급 의상점인 '오뜨꾸튀르(Haute Couture)'의 역할이 컸다. 그런데 이 오뜨꾸튀르의 진열대를 장식하고 있는 브랜드들이 어떤 것들인가. 루이비통, 이브생 로랑, 까르띠에 등 이름만 들어도 고개가 끄덕여지는 파리산 명품들이다.

그처럼 명품 도시들은 상징과 부를 동시에 거머쥐게 하는 명품 브랜드를 갖고 있는 경우가 많다. 명품 도시를 지향하는 함평이 자신을 대표할 만한 명품 브랜드에 목말라하는 건 그러므로 당연해 보인다. 그리고 그 목마름을 어느 정도 충족시켜 준 것이 바로 '나르다'였다.

나르다는 분명 특별하다. 보통 지자체를 방문했을 때 지자체에서 주는 기념품은 지역 특산품이기 쉽다. 몇 년 전 강원도 한 곳을 방문했다가 기념품으로 석탄을 받은 일도 있다. 하지만 나르다는 전혀 성격이 다르다. 구찌나 아르마니, 버버리 등 세계적인 '명품'을 지향한다. 제품 구성부터가 그렇다. 넥타이에 머플러 등 직물용품에서 커피세트에 이르기까지 다양하다.

제품의 품목과 종류로 기초단체 중 최대 규모를 자랑한다. 나르다 브랜드를 달고 나오는 제품은 대단히 많다. 대부분 주문자부착 방식(OEM)으로 생산되는 나르다 제품은 2006년 현재 142개 품목에 366개 종에 이른다. 넥타이 등 섬유류가 가장 많아 88개 품목 208개 종에 이르며 그 다음이 악세사리류로 귀걸이나 목걸이 등을 포함해 19개 품목 119개 종, 연필 등 문구류는 11개 품목 13개 종에 이른다.

제품 디자인 역시 국내 최고 디자이너가 맡았다. 나르다의 창시자인 이경순 누브티스 대표의 말이다. 그에게서 나르다 탄생의 비화와 의의를 들을 수 있다.

"1999년이었을 거예요. 프랑스 파리에 출장을 갔는데요, 함평군에서 디자인 입찰 공고가 났다고 회사에서 전화가 온 거예요. 기회다 싶었습니다. 선진국에서는 지자체가 자체 브랜드 제품을 내는 곳이 꽤 있었지만 국내에서는 처음이거든요. 바로 영국으로 갔습니다. 거기에는 세계적으로 유명한 나비공원이 있었거든요. 이것저것 벤치마킹을 한 뒤 국내에 들어와 입찰에 응했지요."

명품 브랜드를 위한 역발상

사실 첫 회 나비축제가 개최되었던 1999년에는 군에서 주도해 제작된 기념품이 없었다. 군 내 업자들이 조야한 나비핀이나 악세사리 등 중국산 저가품을 도입해 판매하는 것이 다였다. 1회 개최가 성황리에 끝남으로써 함평군은 기념품 제작을 준비했지만 군 내에는 적합한 업체도, 전문가도 없는 상황이었다. 물론 군 내 대학도 없었다. 함평군은 결국 일간지에 브랜드 개발 공동 참여 업체 선정을 위한 공모광고를 내고 최종적으로 누브티스를 선정하는 절차를 거쳤다.

함평군과 누브티스와의 계약 내용은 다음과 같다. 함평군이 1억 5,500만 원의 브랜드 개발비를 제공하고 누브티스는 나르다 브랜드와 상품을 공급받는 형식이다. 제품 제작 역시 주로 서울·수도권 내 업체에 맡김으로써 함평군의 민관합작은 군과 지역 내 특산물 사업체가 공동으로 추진하는, 이른바 '제3섹터'의 개념보다는 '단순 하청방식' 시스템을 갖게 됐다.

함평군은 나르다 브랜드로 쏠쏠하게 재미를 봤다. 물론 아직까지 수입은 크지 않다. 2006년 5월까지의 총 수입액은 37억6,000만원 수준이다. 수입액은 크게 판매액과 로열티 두 가지로 나누어지는데, 판매액이 36억으로 대다수를 이루고 있으며 로열티 수입은 1,600만 원에 그치고 있다. 하지만 지자체가 투자해 개발한 상품이 시장에 간신히 얼굴만 보이고 사라지는 일이 비일비재하다. 거기에 비하면 나르다는 대단한 성과를 보이고 있는 것이다.

게다가 홍보 효과가 만만치 않다. 무엇보다 '국내 최초의 지자체 명품 브랜드'라는 수식어가 달려 있다. 명품 브랜드를 기치로 내건 강남구나 서초구 등 쟁쟁한 지자체들의 연구 대상이 되고 있는 중이다. 이경순 대표는 "나르다는 국내 첫 지자체 명품 브랜드인데다가 10년 가까운 시간이 지난 뒤에도 여전히 팔리고 있다는 점만으로도 성공한 사례로 볼 수 있다"고 평가했다.

축제와 함께 시작된 나르다의 개발계획

나르다에 대한 개발 아이디어는 꽤나 일찍 태어났다. 이석형 군수는 "나비축제와 거의 동시에 이루어졌다"고 말했다. 그러나 아이디어가 본격적인 사업으로 추진된 것은 두 번째 나비축제가 끝난 1999년의 일이다. 함평군의 내부 자료를 통해 본 나르다 브랜드 론칭 계획은 다음과 같이 크게 3단계로 나누어 추진되었다.

1단계는 '브랜드 개발 단계'로 1999년 11월부터 2004년 4월까지 진행되었다. 제1회 나비축제의 성공에 힘입어 1999년 11월 애초 계획을 실행에 옮긴 함평군은 '나비'를 연상시키는 '나르다(Nareda)'로 브랜드명을 결정한 뒤 민관공동개발 형식을 취해 2000년 4월까지 상품디자인을 완료했다.

2단계는 '브랜드 상품화 단계'로 2000년 5월부터 2002년 9월까지 2년 4개월 동안이 해당된다. 이 기간 동안 함평군은 나르다 브랜드의 상품화를 위해 상표등록을 출원했으며 다양한 상품을 개발했다.

3단계는 2003년 이후 '마케팅 강화 단계'로 2006년 현재까지 함평군은 나르다 제품의 다양화와 유통망 확장, 판촉 등 마케팅 측면을 강화해 나갔다. 국내 주요 백화점 판촉행사에 적극 참여해 2006년 현재 11개 직영점과 12개 위탁 판매장 등 모두 23개 상설 판매장을 설치·운영 중이다. 또한 함평군 온라인 쇼핑몰(www.inabishop.com)도 운영 중이다.

이제 다시 한 번 정리해 보자. 나르다 브랜드는 여러 가지 면에서 일반 지자체의 제품 브랜드와는 많은 차이가 있다. 뭐가 다른가?

가장 먼저 얘기해야 할 것은 나르다가 갖고 있는 기본 성격이다. 나르다는 다른 지자체 브랜드와는 달리 지역의 전통이나 문화와 아무 연관성이 없다.

함평군과 나비축제브랜드 '나르다'를 만든 이경순 누브티스 대표.

이는 나비축제와 마찬가지로 나르다 브랜드가 지역의 정체성(identity)을 갖고 있지 못하다는 의미로, 제품 자체가 매우 불리한 상태에서 출범했음을 뜻한다.

하지만 여기에도 역발상이 있었다. 함평군은 시역 특산물과 진혀 다른 제품을 만들기로 한 것이다. 주로 머리핀이나 넥타이 핀 등 악세사리, 넥타이나 스카프 등 장식류, 티셔츠 등의 의류, 커피잔 등 주방용품에 사용된다. 다른 지자체가 특산품을 활용함으로써 어떻게 보면 '뻔한' 상품이 나올 수 있었던 반면, 함평은 여느 지자체와는 상당한 차별성을 갖는 브랜드 제품을 생산해 낼 수 있었던 것이다.

수익 모델도 여느 지자체와는 매우 다르다. 지방정부가 상품 마케팅에 나서는 경우는 그 대상이 대부분 지역 특산물이며 농가소득 증대가 우선이다. 그러나 나르다의 경우는 브랜드를 빌려주고 로열티를 받는 라이센싱 사업이 주를 이룬다. 나르다 제품은 주민 소득 증대보다는 군청 수익 사업에 더 강조점을 두고 출발했던 것이다.

나르다를 통한 명품 함평의 브랜드 이미지 구축은 이미 시작됐고, 머지않은 장래에 더 많은 수익의 창출로도 연결될 수 있을 것이다. 이런 치밀한 계획과 노력이 명품 함평의 이미지 구축에 일익을 담당했음은 물론이다.

끊임없는 관광의 진화를 추구하라

'관광 함평'의 고민

함평이 '3무 도시'로 불렸던 이유 중 하나가 관광자원이 없다는 것이다. 지난 2003년 함평군이 발표한 '주요 관광지'라는 표를 보자. 자연자원이나 역사·문화자원, 사회자원이나 지역특산물 중 나비축제를 빼면 뭐 하나 제대로 알려진 것이 없다. 나비축제가 시작되기 전 함평군을 찾는 관광객이 거의 없었다는 것은 당연했다.

함평군을 찾은 연간 관광객 수를 보자. 1995년 이후 1998년까지 연 평균 관광객 수는 20만 명 전후였다. 그러다 1999년 나비축제가 개최되면서 이 숫자가 폭발적으로 증가했다. 1999년 관광객수는 113만 명으로 6배나 늘었다. 이후에도 함평을 찾는 관광객은 지속적으로 늘고 있다. 2001년에는 200만, 2003년에는 300만 명을 넘어섰고 2004년 관광객 수는 무려 440만 명이나 된다. 5년 사이 무려 22배가 늘어난 수치이다. 물론 대다수가 나비축제를 보러 왔거나 아니면 '나비' 이미지로 유명해진 함평을 보러 온 것이다.

이 같은 사실에서 함평의 고민을 읽을 수 있게 된다. 관광객은 느는 데 관광자원은 없다? 그렇다면 관광객은 뭘 한다는 말인가? 나비축제를 보러왔든 나비 이미지를 체험하려왔든 함평을 찾은 관광객은 결국 함평을 잠깐 들렀다 가는 '뜨내기손님'이라는 얘기다. 사실 이 문제는 심각하다. 관광객이 와서 며칠 묵으며 돈을 써야

지역 경제가 사는 법이다. 그런데 이들을 하루든 이틀이든 잡아놓으려면 다른 뭔가가 필요하다. 축제 하나만 보기 위해 며칠을 묵으려 하지는 않을 테니까.

함평군의 관광객 수 증가 추이

연도	1995	1996	1997	1998	1999
관광객	203,753	200,484	233,027	197,209	1,024,102

연도	2000	2001	2002	2003	2004
관광객	1,913,828	2,442,499	2,519,986	3,013,478	4,394,086

※함평통계연보, 1999, 2005.

함평군의 주요 관광지

구분	주요 관광지 및 관광자원	잠재적 관광자원
자연 자원	모악산 돌머리 해수욕장, 안악 해수욕장 해수찜	갯벌 · 대동호 함평천 주변 자연생태공원
역사 · 문화 자원	용천사, 보광사, 자산서원 예덕리 고분군, 고인돌 공원, 고막천 석교	호남가(함평천지)
사회 자원	함평나비축제 함평생활유물전시관 한국민물고기과학관	솟대 · 장승공원 사포나루터 창포단지 난대축제, 기산제
지역특산물	함평오리쌀, 자운영쌀, 나비쌀 등 왕골돗자리, 한과, 죽림필방, 동충하초 배, 단감, 딸기, 메론 등 농산물	나르다 함평한우

※함평군(2003: 13)

이 문제가 반드시 축제 초창기에만 있었던 문제는 아니다. 2006년 8회 때 조사에서도 '당일관광' 비율이 85.5%에 이르렀다. 게다가 1박 이상의 숙박 관광객 중 32%는 함평 외부에서 숙박한 것으로 조사됐다. 2008년 세계엑스포까지 개최됐건만 함평에는 호텔은 물론 모텔 등 일반 숙박업소도 찾아보기 힘든 이유도 여기에 있다.

나비 축제에 관한 SWOT분석

이 문제와 관련해 관심을 끄는 자료가 하나 있다. 나비축제 초기 한 연구자가 만든 SWOT 분석 자료다. SWOT분석이란, 기업이 각종 전략을 수립할 때 자주 이용하는 것으로, 가장 기본적인 형태는 조직의 환경을 내부환경과 외부환경으로 나눈 뒤 내부환경은 다시 강점(strength)과 약점(weakness)으로, 외부환경은 기회(opportunity)와 위협(threat)으로 분류한 뒤 거기에 맞는 전략을 짜는 것이다.

초기 나비축제 평가보고서를 토대로 만들어진 SWOT분석을 보자. 여기에는 함평나비축제의 강점·약점·기회·위협의 내용이 잘 정리돼 있다.

우선, 내부환경으로서의 강점은 세 가지로 정리된다. 나비축제는 나비와 환경을 접목한 친화적 자원으로서 독특한 주제로 인해 경쟁우위를 확보할 수 있다. 또한 나비축제는 청정 자연 자원을 활용한 생태관광개발 계획으로 관광 조류에도 맞는다.

그러나 시설 면에서는 약점을 노출하고 있다. 관광객 수에 비해 교통망이 미흡하고 국제적인 수준에 맞는 숙박시설도 전무한 형편이다. 연계 관광시설도 부족해 함평 나비축제를 찾은 관광객은 축제 외에 이렇다 할 관광지가 없어 숙박관광을 기피하고 있다.

함평나비축제 발전을 위한 SWOT 매트릭스

내 부 환 경

강점(Strength)	약점(Weakness)
• 나비와 환경을 접목한 자연 친화적 자원	• 제한된 시설과 연계 관광 시설 미흡
• 독특한 테마 개발로 인한 경쟁우위 확보	• 고객지향형 관광수용태세 미흡
• 청정 자연 자원을 활용한 생태관광 개발	• 체계적 홍보 부재
	• 교통망 등 관광 인프라 부족

외 부 환 경

기회(Opportunity)	위협(Threat)
• 여가시간 증대에 따른 관광시장 확대	• 환경문제에 대한 관심 증대에 따른 관광개발에 대한 사회적 저항 증대
• 나비대축제 인지도 상승에 따른 기대 수준 증가	• 일회성 · 정치적 행사로 전락하고 있는 축제 행사에 대한 근본적인 위기

한편, 외부 환경 측면에서 여가 시간의 증대는 좋은 기회가 된다. 생활수준 향상으로 증대된 여가시간으로 관광 수요가 대폭 늘 전망이며, 특히 주5일근무제가 실시되는 2004년부터 관광수요가 폭발할 것으로 전망된다. 게다가 함평 나비축제는 회를 거듭할수록 인지도가 높아지고 있어 좋은 기회로 작용된다.

마지막으로 외부 환경 측면에서 위협도 있다. 환경문제에 대한 관심이 커지면서 관광개발에 대한 사회적 저항 역시 커지고 있다는 점이다. 특히 환경 NGO들의 반발로 적잖은 개발사업이 표류하고 있다는 사실은 위협적이다. 또한 지자체들의 축제 남발로 인한 중복 투자 문제가 심각하게 제기되고 있다. 실제로 같은 내용의 축제가 산발하고 있으며 또 상당수 축제가 자기 지방에만 한정되어

하늘에서 내려다 본 돌머리 해수욕장 전경.

있어 지역경제 활성화와는 동떨어져 있다는 점이 문제로 제기되고
있다.

따라서 함평나비축제와 관련된 향후 전략으로, 강점과 기회를 극
대화시키고 약점과 위협을 극소화시키는 방향으로 전환한 것이 요
구됐다. 이를 위해서는 다음과 같은 전략이 필요할 것이다.

우선 나비축제의 강점인 주제의 참신성과 차별화를 꾸준히 유지
해야 한다는 것이다. 이를 위해서는 지속적인 프로그램의 개발이
절대적으로 필요하다. 이로써 관광객 유치는 물론 불필요한 축제
에 대한 비판 여론을 피해갈 수 있다고 분석했다. 또한 친환경적
이미지를 살리고 홍보해야 할 필요를 지적했는데, 환경 NGO 등
개발에 대한 사회의 저항을 사전에 차단하기 위해서라도 축제의
친환경성을 강화시켜야 한다고 보았다.

시장을 확장시킬 필요가 있다는 점도 지적될 수 있다. 대도시 및
수도권 주민의 소득과 여가시간이 늘고 있다. 게다가 서해안 고속
도로의 개통으로 최대 관광시장인 수도권과의 시간적 거리가 짧아

졌다. 함평나비축제의 인지도가 높아진 것 또한 좋은 신호다. 전
남과 광주에만 국한되던 시장을 향후 수도권까지 확대할 필요가
있다.

마지막으로 교통과 숙박시설 등 관광 인프라 구축이 시급했다.
함평나비축제의 차별화된 이미지와 프로그램, 인지도 제고, 시장
의 확대 등에 따라 관광객은 지속적으로 증가할 것으로 예상되지
만 관광 인프라의 부족은 치명적인 약점으로 작용할 수 있기 때문
이다. 즉, 관광객 유치 자체에 장애물로 작용할 수도 있지만 축제
참가자조차 다른 지역으로 이동할 수가 있다는 사실을 중시하는
것이다.

무에서 유를 창조한다

누구보다 함평군 스스로가 '관광자원 부재'라는 문제를 절감하
고 있었다. 관광객은 느는 데 관광자원이 없다. 어떻게 해야 하나?
우리가 함평을 놀랍다고 평가해야 하는 부분은 바로 여기다. 나비
축제라는 것도 아무 것도 없는 상태에서 나왔다. 축제도 하나의
'관광자원'으로 볼 수 있으니 함평군은 없었던 관광자원을 하나 만
들어낸 것이나 다름없다. 말 그대로 '무에서 유를 창조한 것'이다.

이 대목에서 자연스럽게 떠오르는 전략이 있다. 없다고? 그럼 만
들면 되지. 그래. 어차피 나비축제도 아무 것도 없던 것에서 만들
었으니 다른 관광자원이라고 만들지 못할 게 뭐가 있다는 말인가?
결국 '무에서 유를 창조'하는 전략이다. 잠시 외국으로 눈을 돌려
봐도 함평과 비슷한 길을 걸은 곳을 쉽게 발견할 수 있다.

일본 후쿠오카현에 위치한 우키하 마을이 그런 경우다. 인구 1만
8천여 명에 불과한 우키하는 해발 500~800미터의 전형적인 산촌

마을이었다. 우키하는 낙후된 지역경제에서 탈피하기 위해 1994년부터 발전의 동력을 찾아 나섰다. 그러나 농업을 주산업으로 하는 우키하에 '비빌 언덕'이 있을 리 만무했다. 그래도 우키하 주민들은 '지역자산조사위원회'를 구성하고, '지역의 보물찾기 운동'을 벌여나갔다.

그 결과 그들이 발견한 보물은 무엇이었을까? 우습게도 바로 그들이 경작하던 논이었다. 계단식의 다랑이 논을 '그린 투어리즘'의 무기로 삼기로 한 것이다. 그들은 경지정리도 마음껏 할 수 없었던 다랑이 논을 마치 보물이라도 되는 양 '다랑이 논 보전협의회'까지 결성했다. '다랑이 논 탐방 이벤트'와 '다랑이 논 오너제'를 통해 우키하를 외국에까지 소개된 관광명소로 만들어나갔다. 그들도 무에서 유를 창조한 것이다.

함평 역시 마찬가지다. 제1회 나비축제 이후 늘어나는 관광수요에 맞춰 새로운 관광자원을 만든다는 것에 주력해 왔다. 2004년 1월 제출된 보고서 하나를 보면 이 '끝없는 도전 정신' 하나를 읽게 해 준다. 2004년 1월이면 나비축제도 5회 째 접어들면서 어느 정도 안정기에 들어설 무렵이다. 그런데 이 보고서에 제시된 또 하나의 SWOT 분석은 1999년과 거의 비슷한 문제를 하나 안고 있다는 점이 부각되었다. 바로 다른 관광자원과의 연계 부족이었다. 이 문제와 관련해 1999년과 다른 점 하나는 제시된 전략이 상당히 구체적이고 실현 가능하다는 것이다.

나비축제를 다른 관광 상품과 연계시키기 위해 함평군이 제시한 전략은 이렇다. 우선 함평군은 축제방문객의 체재 일수를 연장하는 동시에 축제 기간인 5월에 집중된 방문객을 4계절 방문으로 유도한다는 목표 아래 다양한 프로그램을 준비해야 한다는 결론에

도달했다. 일단 수요를 늘리자는 데 초점이 맞춰져 있었던 것이다.

그리고 이를 위한 다양한 프로그램이 제시되었다. 라이프 사이클에 맞춘 연령별 프로그램을 운용하자거나, 가족동반 관광객을 위한 유형별 레저 활동 프로그램을 만들자는 제안도 있다. 건강·웰빙 트렌드에 보조를 맞춰 해수찜을 활용한 관광 프로그램을 만들고, 골프나 미용관광용 프로그램도 필요하다고 제안했다. 함평군에 서식하는 황금박쥐를 체험하는 동굴 프로그램 개발과 환경생태 관광 프로그램 등도 여기에 포함된다.

특명, 관광 상품을 개발하라

함평군이 제시한 전략은 대부분 아예 없거나 아니면 아주 사소한 자원을 근간으로 뭔가 새로운 관광자원을 만들자는 것이다. 있는 것도 활용하기 어려운 것이 곧 관광자원이다. 산과 바다와 강 등 수려한 자연자원이나 온천 등 건강 자원, 사찰이나 오래 된 건축물 등 막강한 관광자원을 갖고도 관광객을 끌어모으지 못하는 지자체가 많은 게 현실이다. 그런데 새로운 것을 만들자고 한다. 어떻게 보면 무모한 생각일 수도 있다.

그러나 함평은 해냈다. 없는 것을 만들어 내는 것은 나비축제를 만든 이래 함평의 전통이 된 것일까? 함평은 스스로 만들어 놓은 두 가지 관광자원을 내세운다.

가장 주목할 만한 것이 자연생태공원이다. 1998년 착공된 이 공원은 2007년 완공되었다. 함평군 대동면 운교리 대동호 주변을 중심으로 한 자연생태공원에 대한 개발은 실상, 나비축제를 기획·추진했던 이석형 군수 취임 이전 수립·착공되었다. 1998년 6월 '한국자생란 보존육성사업'의 이름으로 착공된 공원은 나비축제의 성공 후

대대적인 변경 과정을 거쳤다.

처음 계획 수립 단계에서는 이름 그대로 '난' 중심의 관광지로 개발할 예정이었으나 축제의 성공과 함께 나비와 관련된 시설을 대폭 증가하는 등 자연생태공원으로 탈바꿈했다. 자연생태공원의 시설로는 다음과 같은 것들이 있다.

자연생태공원 내부의 모습.

① 진시관: 한국춘란 분류관, 한국생태과학관, 반달곰 관찰원, 자생란 전시관

② 관람시설: 나비생태관, 우리꽃 생태학습장, 수서곤충 관찰장, 수변 데크 식초 및 흡밀식물관, 무궁화동산, 괴석원, 목단원

③ 편익시설: 전망대, 인공폭포, 음수대, 휴게실, 주차장, 화장실

④ 청소년 야영장: 관리동, 통나무집, 체력 단련 시설, 캠프파이어장

또 하나의 '만들어진' 관광자원이 순금 황금박쥐 동상이다. 이 동상은 보는 이의 감탄을 자아내기에 충분하다. 가로 1.5m, 세로 0.9m, 높이 2.18m의 원형 고리와 함께 네 마리의 황금박쥐가 힘차게 날아가는 형상으로 원형 고리에 281kg의 순은이, 황금박쥐 동상에는 162kg의 순금이 들었다. 국내 최대 순금 동상으로 홍익

순금 162kg으로 만든 함평의 황금박쥐 조형물.

대 디자인공학연구소에서 3년 여의 제작 끝에 탄생했다.

이 모형은 아마도 2008년 나비·곤충엑스포에서 가장 인기 있는 상품 중 하나였을 것이다. 인기의 배경이 된 것은 황금박쥐를 내세워 1970년대의 인기를 끌었던 애니메이션에 대한 향수를 불러일으킨 것이다. 아울러 엄청난 순금이 들어갔다는 점이 관광객들의 호기심을 일깨우기도 했다. 함평군은 이를 상품화하기 위해 아예 680m²의 동굴 형태에 체험 공간과 함께 황금박쥐 테마관을 마련했다.

황금박쥐를 관광상품으로 만들자는 아이디어가 처음 제기된 것은 1999년 무렵이다. 4~6cm의 크기로, 진한 오렌지색 몸통에 날개 부분에 검은색을 띄고 있는 황금박쥐는 중국 남부와 일본 대마도 등지에서 10여 마리 정도가 발견됐을 정도로 희귀 동물이다. 국내에서는 천연기념물 452호로 지정되어 있다. 1999년 함평군에서 처음 집단서식지가 발견되었고 함평은 재빨리 이를 관광상품으로 만들어 나갔다.

"황금박쥐가 함평에서만 서식하는 것은 아닙니다. 하지만 이를 특화시켜 관광상품으로 만든 곳은 함평뿐입니다. 황금으로 만든 황금박쥐 조형물은 그래서 태어난 것입니다."

이석형 군수의 말대로 함평군은 없는 관광객을 유치하기 위해 나비축제를 만들었고, 나비축제로 늘어나는 관광객을 잡기 위해 '순금 황금박쥐'라는 관광상품을 만들어냈다. '무에서 유를 창조하는' 함평군의 힘을 발견할 수 있는 대목이다.

미완성의 축제를 위하여
– 주민이 힘이다!

주식회사 함평은 기본을 잊지 않는다

함평나비축제는 더 이상 한국에만 머물지 않는다. 몇 년이 지나야 할 지 모르겠지만, 한국의 대표 주자로 당당히 국제무대에 설 날이 올 것이다. 2008년 국제 엑스포에 구름 같이 몰려든 인파가 단적으로 이 사실을 알려준다.

당연히 많은 사람이 묻는다. 함평나비축제는 어떻게 성공할 수 있었느냐고. 그리고 많은 사람이 답한다. '나비'라는 주제 자체가 신선했다거나, KBS PD 출신인 군수 덕에 특별한 홍보 · 마케팅에서 성공했다거나, 아니면 끊임없이 축제 프로그램을 바꿔 매년 새로운 모습으로 고객을 맞았다거나.

물론 뭐 하나 틀린 말이 없다. 전문가들 역시 함평나비축제의 성공 요인으로 같은 내용을 들고 있다. 하지만 이석형 군수의 얘기는 다르다.

"나비축제의 성공으로 유명해졌지만 사실 지역개발을 위해서는 축제보다 오히려 행정 서비스가 더 중요합니다. 공무원들의 가장 기본적인 것은 주민들에 대한 서비스 질을 높이는 것, 그게 최우선이 되어야지요. 그래야 주민들과의 신뢰가 구축됩니다. 지역개발이든 뭐든 지방정부가 시행하는 모든 정책의 인프라라고 생각하면 됩니다."

결국 이 군수는 함평나비축제가 성공한 가장 중요한 이유로 '행정 서비스'를 들고 있는 것이다.

사실 행정서비스는 지방정부의 가장 기본적인 업무다. 각종 증명서 발급에서 민원이나 친절봉사에 이르기까지 행정 서비스는 지방정부의 대민 관계의 기반을 차지한다. 이 같은 행정 서비스는 지역개발정책과는 그다지 중요한 관계에 있지 않은 것으로 보는 시각이 일반적이다. 그러나 이 군수의 말은 다르다. 행정서비스는 지역개발에 매우 중요한 역할을 담당한다. 관과 민을 이어주는 신뢰관계의 아교풀이 바로 행정서비스이기 때문이다.

요즘 함평의 동의어는 바로 '나비축제'이다. 모르고 들어보면 모든 행정이 오직 축제를 위해 존재할 것 같은 느낌을 불러일으킨다. 그러나 과연 그게 가능할까. 푸닥거리를 하듯 모든 물자와 인력을 집중시켜 행사를 치러내는게 얼마나 오래갈까 그런 전시행정체제와 같은 시스템은 열정과 체력을 빠르게 고갈시켜 오히려 군민의 단합을 해치기 십상이다. 결코 오래 끌어가지는 못할 '소모의 방식'일 뿐이라는 것이다.

축제 기획과 준비로 바쁜 와중에도 함평군의 공무원들이 본연의 서비스 임무에 충실한 건 그 때문이다. 오래도록 지치지 않고 모든 영역을 아울러려는 의도이자, 저력의 기반이 행정 서비스를 통해 나온다는 것을 알기 때문이다. 그 저력의 이름이 바로 이 군수가 얘기한 군민의 신뢰이다.

행정 혁신이 성공의 기반

그렇다면 함평군의 공무원들은 어떻게 기본을 실천해 나갈까? 바로 행정의 혁신을 통해서다. 함평군 관계자는 무엇보다 '원 스톱

나비축제때 관광객을 상대로 서비스를 펼치는 자원봉사자들.

서비스'로 불리는 민원처리 시스템의 간소화를 예로 든다. 함평군
에서 '민원 1회 방문 처리제'로 부르는 이 제도는 이 군수 취임 직
후인 1998년 도입되었으며 다음과 같은 몇 가지 가이드라인을 갖
고 있다.

① 민원상담 전담직원을 배치한 상담 창구를 설치한다.
② 민원실을 확대하고 전문직 공무원을 배치해 상담 능력을 제고한다.
③ 각종 자료를 미리 제작해 주민이 볼 수 있는 곳에 비치해 둔다.
④ 상담 전문위원을 위촉해 활용한다.
⑤ 같은 민원에 대해 2회 이상 보완을 요구하지 않는다.

그밖에도 함평군은 민원 처리를 주민의 입장에서 먼저 생각한다
는 원칙도 세워놓았다. 이에 따라 함평군은 몇 가지 행정 원칙을
정했다. 사전 단계에서 민원의 가부를 판단해 민원인에게 신속히
통보한다는 '민원가부 사전 고지제'와 사전에 상담을 원할 경우 이

에 응한다는 '민원사전예약 상
담제' 등이 그것이다.

함평의 자원봉사자들은 평소에도 몸을 사리지 않고 봉사활
동에 나선다.

  노약자 및 장애인들을 위한
'군민 편의 시책'도 함평의 자
랑거리이다. 이는 노인 인구가
많은 함평군의 지역 특성을 살
린 민원 제도 중 하나이다. '거동 불편 장애인 도우미 제도'는 노약
자와 장애인을 위한 민원안내 제도로 특히 거동이 불편한 장애인
을 위해 관용차 한 대를 상시 대기시켜 군청과 거주지를 오가게 해
주는 '카-콜 서비스(Car-Call Service)' 제도를 도입했다.

  게다가 함평군은 공식·비공식적으로 군민과의 친밀감과 편의를
위한 다양한 활동을 벌였다. 여기에는 노인을 위한 복지나 모내기
등 지역 친화적인 정책이 포함된다. 이 군수는 이에 대해 다음처럼
평가한다.

  "복지 분야에서도 군민을 위해 다양한 활동을 펴고 있습니다. 60
세 이상의 노인들에게 독감·백신주사가 무료입니다. 인구가 적어
신생아나 아이들을 위해서는 보험을 들어주기도 합니다. 또 농촌
이니까 모내기나 파종 등의 일을 농협과 공동으로 하고 있습니다.
가급적 농민이 힘 안들이고 농사를 짓도록 돕고 있는 것이지요."

  함평군은 이 같은 행정 서비스 운영에도 마케팅 기법을 활용하고
있다. 우선 다양한 방식으로 고객의 욕구를 파악하고 있다. 연 2회
정기적으로 고객조사를 시행하고 있으며 민원 처리 시 고객의 불
만과 요청 사항을 체크한다. 또한 이들의 욕구가 제대로 충족되고

있는지를 파악하고 있다.

또 함평군은 군민이 군의 행정과 공무원을 직접 평가하는 시스템을 운영하고 있다. 모든 이(里) 단위별로 한 명씩, 총 269명을 평가위원으로 위촉해 연 2회 정기적으로 행정과 공무원을 평가시키며, 평가 분야로는 공무원의 친절 및 직무능력도, 봉사행정의 정도, 군의 발전 전망 등이다.

평가 결과를 군정에 반영한다는 점도 중요하다. 군은 평가 결과를 즉시 공개하고 개선책을 제시하는 것을 원칙으로 하고 있으며, 분기별로 친절 공무원을 표창하고 매년 말에는 전화친절도 평가를 통한 표창도 실시한다. 또한 민원부서 공무원의 사기저하를 막기 위한 방침으로 민원실 근무 공무원을 우선 승진시키는 등의 인센티브를 제공하고 있다.

함평나비축제의 성공 요인으로 꼽히는 것 중 하나가 주민의 적극적인 참여라는 점을 감안해 보자. 자원봉사 형태의 주민참여가 없었다면 나비축제는 성공하기 어려웠을 테고, 성공했다 해도 주민의 참여를 이끌어내지 못한 반쪽짜리 축제에 머물렀을 것이다. 주민의 참여를 이끌어 내기 위한 신뢰. 이것 없이는 어떤 지자체도 일을 성공시킬 수 없을 것이다. 국민의 신뢰와 참여 없이 나라가 잘 될 수 없는 것과 같은 이치다. 축제의 성공이 어떤 기반으로부터 나왔는지를 알 수 있을 것이다.

생태적 삶과 도시를 위한 전주곡

이상 기나긴 시간을 통해 함평의 드라마와 성공 노하우를 추적하고 분석해 보았다. 물론 여기에 모든 걸 담기엔 역부족이다. 책으로 담아내는 정리와 분석 너머의 것들이 현실의 함평에는 너무나 많기 때문이다.

따라서 책 자체로 보아도 함평의 결산이 될 수 없고, 독자들로서도 자신의 처지에서 바로 대입할 수 있는 대안을 쥐게 되지는 못할 것이다. 그럼에도 함평에 관한 이 짧은 보고서는 우리가 이러저러하게 당면한 현실의 벽을 넘어서는 데 뚜렷한 시사점을 줄 수 있을 것이다.

단지 지자체 관계자들만이 아니라 일반 국민의 입장에서도 마찬가지가 아닐까 한다. 지금 내가 즐기고 있는 축제의 탄생은 어떻게 가능했는지, 혹은 함평 관계자들의 인간 드라마 속에서 얻을 수 있는 삶의 지혜는 무엇인지. 미흡하나마 그런 궁금증과 기대에 대한 갈증을 얼마간은 풀 수 있을 것이라 생각하기 때문이다.

그렇게 지속적으로 활용 가능한 텍스트를 꿈꾼다는 점에서 함평도, 이 보고서도 영원한 현재진행형으로 남기를 바라는 것이 필자들의 마음이다. 또한 무엇보다 '모든 축제는 미완성'이라는 의미 때문에라도 모든 것이 더 제대로 열려 있기를 바라는 것이 솔직한 심정이기도 했다.

20세기 초까지 수학의 역사는 완성을 향하는 역사이기도 했다. 수학자들은 절대불변하는 진리로서의 수학 체계를 완성시키려 꿈꿨다. 하지만 괴델이라는 천재 수학자 때문에 그들의 불같은 욕망은 충족될 수 없게 됐다. 수학은 그 어떤 것으로도 진리가 보증되지 않는 명제를 갖고 있으며 그것으로 영원히 미완성으로 남을 수밖에 없는 운명이란 걸 그가 증명했기 때문이다. 하지만 이때의 미완성은 포기가 아니다. 더욱 완성에 가까운 미완성으로 다가가기 위한 것이다. 그 완성과 미완성의 간극 속에서 생기는 스파크가 바로 수학을 이끌어가는 새로운 힘이 됐다.

축제 역시 마찬가지다. 현실이 변하는 한 축제도 변한다. 혹은 축제 스스로 자신을 변화시킴으로써 현실의 트렌드를 바꾸고 고객의 새로운 욕망을 만들어가기도 한다. 그런 면에서 축제 자체가 미완성이고, 미완성인 축제야말로 가장 성공한 축제라는 역설조차 가능하다. 함평의 나비축제가 정교한 피드백 시스템을 통해 나날이 진화해 가며 더욱 완성도 높은 축제로 발전해 가는 것이 그 좋은 예의 하나일 것이다.

나비축제를 기획하던 10년 전 함평의 꿈은 무엇이었나? 오랜 세월 지역과 군민을 짓눌러온 무기력을 벗어난다는 것. 그렇게 과거를 벗어나고자 하던 꿈은 이미 충족됐다. 축제를 통해 기적이라 불리는 성공을 만들어가는 동안 그들의 현재도 충족됐다. 그리고 미래의 꿈은 어떤 것인가?

그들은 지금 친생태적 도시와 삶을 새로운 미래의 기획으로 남겨두고 있다. 언제인지는 모르겠지만 그들이 가진 열정과 노력, 노하우라면 반드시 이룰 수 있는 꿈이라 생각한다. 그러나 생태적 도시와 삶은 단지 함평의 미래가 아니라, 대한민국의 모든 도시, 아니 전 세계의 모든 도시가 꿈꾸는 미래상이기도 하다.

그런 면에서 이 미완성의 축제는 생태적 도시와 삶의 표본이 되기 위한 전주곡과도 비슷하다. 앞날의 수많은 시간 동안 대한민국에서 또 세계에서 수많은 간주곡과 변주곡들이 함평의 선율과 뒤섞이며 때론 불협화음, 때론 천상의 화음을 만들어낼 것이다. 그리고 어느 날 문득 이 모든 선율과 리듬이 합쳐진 장대한 대합창곡이 우리 앞에 현실로 드러나는 경이로운 체험을 하게 될지도 모른다.

그날을 소망한다. 그날을 예감한다. 그 예감을 가능케 해준 것이 바로 함평이라는 나비다. 세계 곳곳에서 날아오른 수천, 수만의 나비들이 지구의 하늘을 수놓는 순간 우리가 소망하는 미래는 성큼 다가올 것이다. 그때야말로 이 아름다운 소망은 완성에 대한 욕구를 충족시킬 수 있게 될지도 모르겠다.

1석5조 함평축제를 1석 10조 만들 '결정적 한 방'을 위하여

지역축제, 야바위 혹은 장사꾼의 활동무대

우리나라에는 1천 개 안팎의 지역축제가 개최되고 있다. 2006년 2월 감사원이 발표한 지방자치단체 감사 결과에 따르면, 2004년에 개최된 지역축제의 수는 모두 1,178개에 달한다. 이는 읍·면이나 마을 단위의 축제를 제외한 것으로, 실제로 개최되고 있는 소규모 축제까지 포함한다면 그 수는 훨씬 많을 것으로 추정된다.

일각에서는 축제의 난립 혹은 남발을 우려하는 목소리가 들리기도 한다. 1995년 지방자치 시대의 본격 개막과 더불어, 각종 지역 축제들이 우후죽순처럼 생겨나기 시작했는데, 개중에는 수준이 의심스러운 축제들이 적지 않았던 것도 사실이었다. 가장 먼저 쏟아져나온 것이 족보에도 없던 각종 미인대회와 캐릭터들이었다. 고추아가씨, 꼬막아가씨, 버섯아가씨, 장어아가씨 등 별 괴상한 이름의 미인대회들이 축제마다 감초처럼 한 코너를 차지하기 일쑤였다. 난데없는 캐릭터들도 마찬가지였다. 지역의 농·축·수산물이나 유래·전설 등에 억지 연고를 둔 조야한 캐릭터 디자인들이, 그마저도 사돈의 팔촌뻘로 비슷비슷한 주제들을 붙들고서 우수마발처럼 쏟아져나왔더랬다.

갑자기 불어닥친 지역축제 열풍은 엉뚱하게도 축제·행사 전문 이벤트업체의 난립과 맞물려, 더 성의 없는 싸구려 프로그램의 양산으로 이어졌다. 축제·이벤트를 쉽사리 접해볼 기회가 없었던 지역의 축제 담당 공무원들을 만만하게 여긴 틈새시장이 발호한 것이었다. 방송·연예계 쪽의 섭외력이 취약한 지역 공무원으로서는 아무래도 이벤트업체 측에 비해 아쉬운 입장이 될 수밖에 없었다. 90년대 말 어느 모임에선가 "지역축제로 재미 좀 보고 있다"던 업자 본인으로부터 직접 들었던 이야기가 있다. 그는 지역축제 대행을 "눈먼 돈 줍기"라고 말했었다. "뽕짝 가수 좀 대주고, 막 데뷔한 젊은애들이랑 한물 간 연예인 정도면 그냥 녹아. 아가씨 미인대회는 MC 하나 붙여주면 지들끼리 노는 거고, 나머지는 천막값이야." 이런 말투에, 이런 요지의 말씀이었다.

그때 저 말씀을 자랑삼아 떠들던 아무개는 극악무도한 야바위였을까, 아니면 그 무렵의 고만고만한 뜨내기 장사꾼이었을까. 그 중간쯤이 아니었을까 짐작한다. 요는 저런 분위기가 적지 않았다는 이야기다. 그렇게 여러 해가 흐르면서 다행히도 옥석이 가려지고, 좋은 축제는 해를 거듭하면서 나름의 개성과 전통을 쌓아가게 되었다. 물론 함평의 나비축제도 당당히 우수축제 그룹으로 두각을 드러낸 대표사례에 해당한다. 게다가 함평은 후발주자였다.

함평군의 지혜로운 축제기획

지역축제는 왜 그렇게 유행처럼 경쟁적으로 쏟아져나왔던 것일까. 역설적이지만, 그만큼 싸고 효율적이기 때문이다. 물론 축제가 성공했을 때의 이야기다. 예컨대 어느 지자체에서 외부 자본을 끌어들여 스키장 루프며 대형 숙박시설과 도로 등 대규모 관광단지를 개발했다고 가정해보자. 일본 유바리 마을의 사례처럼 파산까지는 아니더라도 흥행에 실패했을 경우 오래도록 빚에 시달릴 위험이 있고, 성공한다 해도 관광 수익이 대부분 자본 투자자에게로 귀속되기 십상이다. 그에 비하면 지역축제는 초기 투자비용이 매우 적게 소요되는 반면, 성공에 따른 홍보효과는 엄청나다. 한편으로 축제 실패에 대한 책임은 규정이 모호하다. 실패의 원인도 똑부러지게 누구 탓이라고 규정할 수가 없는 것이어서, 축제 실패가 해당 단체장의 재선 출마에 영향을 줄지는 몰라도, 횡령 등의 부정행위만 아니라면 법적·경제적 책임을 묻지 않는다. 막말로 성공하면 대박인데 실패해도 본전이라면, 해볼 만한 장사 아닌가.

그런 점에서 함평의 나비축제가 보여준 성과는 참으로 경이적이었다. 무엇보다 함평군이 스스로 축제의 주최가 됨으로써 축제·행사 전문 이벤트업체의 횡포를 미연에 방지할 수 있었다. 이벤트회사의 손길이 필요한 행사를 최소화하고, 가장 함평스러운 참여형 놀이축제로 방향을 잡은 전략도 주효했다. 앞에서 지적했던 부분이지만, 눈은 이미 텔레비전을 통해 모든 것을 본다. 축제는 눈이 미처 알지 못하는 재미, 촉감·냄새·액션을 동반한 재미를 제공해야 한다. 함평은 그 급소를 정확하게 공략했다.

축제 준비에 소요된 예산 가운데 상당 부분을 가급적 사회간접자본(도로, 상·하수도, 전기·전화, 하천 정비 등)을 구축하는 데 투입한 점도 높이 살 만한 포인트다. 잔치를 위한 소모적 사업에 예산을 투입했더라면 설사 축제가 성공을 거두어도 껍질만 번지르르한 외화내빈의 '빛 좋은 개살구'에 그치고 말았을지 모른다. 함평은 철저히 내실을 지향했다. 생태습지공원과 태양광 발전 등이 좋은 예다. 대동호를 끼고 건설된 함평 에코파크도 망외의 성과로 꼽을 만하다. '전국 50대 식물원·수목원'을 책으로 정리하던 임종기 작가는 엑스포 기간에 대동호의 생태공원을 둘러보고는 함평 에코파크를 책에 수록하기로 결정했다. 물론 어딘가 다른 수목원 하나가 영문도 모른 채 책에서 빠져야 했을 것이다. 필자는 "함평 에코파크 는 전문 식물원·수목원에 견주어도 손색이 없다. 전국 베스트 30 위 안에 들 것"이라고 평했다.

지역축제의 효과

축제의 효과	세부내용	비고
경제적 효과	직접생산효과	행사장 입장료 관광기념품 및 농산물 판매수입
	간접생산효과	시·군 지역 상가 매출액 지역농산물 브랜드 가치 상승
	부가가치 효과	지역특산물 홍보
	직·간접 고용효과	축제기획 및 행사진행
사회적 효과	주민화합	품목별 동호회 내지 생산자 단체의 결속 군민의 일체감 형성
	도로 등 기반시설 정비	축제 접근성 향상을 위한 방안
	친환경이미지 수립	지역이미지 제고 및 경관자원 확보 수단
문화적 효과	지역 정체성 확보	지역이미지 정립(CI와 연계)
	지역커뮤니티 활성화	축제를 통해 지역주민들의 의사소통 기회 확대
	지역이미지 홍보	지역민 자긍심 및 소속감 고취 지역이미지 홍보를 통한 지역브랜드 가치향상
	지역주민 의식제고	축제를 통해 지역주민들의 역사, 문화의식 제고
	문화시설 정비	축제기반시설 확충을 통한 문화 공간 시설정비
	문화단체의 참여 공간 확대	지역문화단체 활성화
	지역문화 보존 및 계승	문화자원의 보존 및 발굴
	여가 및 오락 기회 제공	시·군민에게 볼거리, 즐길거리 제공
관광 효과	관광객 유치	축제를 통해 관광객 방문의 기회제공
	관광홍보	관광시즌 창출, 관광성수기 연장

※자료: 「농촌지역 활성화를 위한 지역축제 추진방안」

자의반타의반이었지만 호텔 및 콘도미니엄 시설이 유치되지 않아 택한 방식이 민박 활성화였는데, 그것 또한 새옹지마처럼 효자 노릇을 한다. 직접적으로는 관내 군민회관·경로당 등의 시설을 재정비한 효과를 꼽을 수 있고, 관광소득의 '지역 외 유출'을 막는 성과도 얻었다. 관광소득이 호텔·콘도 등을 소유한 대자본가에게 편중되는 걸 막고, 여러 민박집에 골고루 재분배되는 결과를 낳은 점도 보이지 않는 성과라 할 것이다.

나비축제의 성공으로 얻은 친환경 이미지와 전국적인 인지도는 고스란히 '자운영쌀' '레드 마운틴' 등 함평이 생산한 농·축·수산물의 브랜드 마케팅으로 이어졌다. 위의 도표는 지역축제 연구 논문「농촌 지역 활성화를 위한 지역축제 추진 방안」(2006년, 한국농촌사회학회, 김희승)이 밝힌 '지역축제의 긍정적 효과'이다. 나비축제를 다녀오신 분들은 공감하겠지만, 마치 위의 도표는 함평의 사례를 보고 정리한 게 아닌가 싶을 정도로 세부사항들이 함평의 나비축제가 이룬 성과와 빼쏜 닮은꼴이다.

우리의 축제가 잃어버린 것, 일본의 축제가 갖고 있는 것

일본의 경우는 지역축제의 수가 무려 4만여 개에 달한다. '마츠리(祭り)'라고 불리는 일본의 지역축제는 전국 각지의 마을마다 전해내려오는 전통 축제로, 대체로 두 가지 주요 기능을 겸하고 있다. 하나는 일본 고유의 전통 신에게 올리는 제사의 의미다. 일본에는 대략 8백만에 달하는 신이 있다고 전해진다. 미야자키 하야오의 애니메이션 〈센과 치히로의 행방불명〉에 등장하는 그 오만 가지 형상의 신들이다. 다른 하나는 마을의 젊은이와 어린이들을 지역사회의 일원으로 받아들이는 통과의례로서의 축제다.

그래서 일본의 축제는 대체로 '미코시(神輿)'라 불리는, '신을 모시는 가마' 행렬을 중심으로 진행된다. 젊은이들이 자원봉사 형식으로 미코시를 짊어지고 행렬을 이끄는데, 몇 달 전부터 연습을 하는 과정에서 마을 공동체의 일원이라는 멤버십을 익히게 되고, 경우에 따라서 여기에 그 마을의 성인식을 겸하기도 한다. 그 뒤로 축포와 불꽃놀이가 하늘을 수놓는 가운데 마을 주민들과 관광객들이 인산인해를 이루며 행렬을 따라가는 것이 흔히 보이는 일본 축제의 형식이다. 이 행렬을 기본 축으로, 마을마다 가마의 모양새와 가마꾼의 옷차림, 행렬 중간에 치르는 제의의 형식 등이 천차만별로 다르게 발달했다. 어떤 마을은 훈토시만 달랑 차려입은 사실상의 나체 차림으로 가마를 메기도 하고, 어떤 마을은 직접 폭죽을 만들어 터뜨리는 위험한 프로그램을 성인식의 통과의례로 삼기도 한다. 불에 달군 석탄 자갈밭 위를 달리는 행사도 있고, 떼거리로 큰 북을 치며 그 앙상블로 팀워크를 도모하는 마을도 있다.

뜬금없이 일본의 축제 이야기가 끼어든 까닭은 우리가 축제에서 잃어버린, 그리고 되찾으면 좋을 어떤 것을 이야기하고 싶어서다. 사실 일본의 축제와는 조금 다른 형식으로, 우리에게는 한식과 단오, 추석, 설, 대보름 같은 명절이 있었다. 지금처럼 교통대란을 겪으며 귀성하여 차례 지내고 고스톱 치고 술 마시고 또 교통대란을 겪으며 돌아가는, 이런 모양이 아니었다. 이것은 축제가 아니다.

축제는 대동이고 놀이였다. 마을 입구 동구나무 아래 공터에서 항아리째 내오는 마을 막걸리를 마시면서 단오굿과 그네놀이, 풍물과 씨름, 탈춤 등을 직접 놀았던 분들은 이 대동과 놀이가 어떤 느낌인지를 바로 실감하실 것이다. 김덕수사물놀이패며 국악관현악단의 공연은 '저리가라'다. 마을 축제에서는 마을 사람들이 스스로 주인공이 된다. 스스로 꽹가리를 잡고, 장고를 두들기고, 징을 울린다. 누군가는 닐리리 태평소를 불어제치고, 누군가는 태껸에 땅재주를 넘었다. 그네놀이의 메이퀸이 춘향이였고, 소싸움놀이의 영웅이 견우였으며, 길쌈놀이를 휩쓴 천재소녀가 직녀였더랬다.

저 축제 한마당의 영광을 위해 몇 달 전부터 시간을 쪼개 연주도 연습하고, 모여서 탈춤 스텝도 맞춰보던 것이 우리 대동놀이의 모습이었다. 준비 과정에서 마을 주민들이 모여서 울력으로 새끼줄을 꼬고, 그걸 다시 꼬아서 아이 팔뚝 굵기의 그네 밧줄을 만들었다. 케이블카를 매는 그 케이블의 원조다. 그 밧줄을 4~5층 건물 높이의 느티나무 가지 위로 매었다. 춘향이의 공중그네 묘기에 이몽룡은 경국지색 각시 얼굴을 보기도 전에 이미 넋을 잃었던 것이다. 장승과 솟대를 만들고, 탈춤용 탈을 깎고 의상을 짓고, 소싸움 울타리를 짜는 등 마을마다 축제 형식도 다양했다.

그러던 우리 고유의 대동제가 두 차례의 무도한 탄압으로 사실상 멸종의 비극을 맞고 말았다. 일제 식민지배기의 탄압이 그 하나고, 뒤이은 독재정권의 탄압이 마무리 카운터블로였다. 숟가락까지 걷어간 일제의 저인망식 착취 아래서 축제는 애초 어불성설이었다. 거기에 명절 축제의 알파이자 오메가였던 굿이 미신타파의 이름으로 금지되었다. 굿당과 성황당이 폐쇄되었다. 그리고 어이없는 도둑질. 쌀을 빼앗아가기 위해 '밀주 금지'라는 명분으로 금주령을 강요하고, 수많은 양조장을 폐쇄했다. 그냥 폐쇄한 것이 아니라, 대부분 일본인의 손에 넘어갔다. 그 기술이 고스란히 일본으로 건너가 지금 일본이 자랑하는 '사케 문화'를 꽃피우게 된 것이다.

진정한 '축제의 성공'을 기다리며

우리 명절을 뭉갠 그들의 축제가 세계적 명성을 얻고 있다. 우리 양조술을 빼앗아 발전시킨 그들의 사케가 세계적 명성을 누리고 있다. 속 쓰린 이야기지만, 그 탓을 하자고 꺼낸 말이 아니다. 저 소중한 문화의 뿌리와 상실한 전통의 복원 가능성을 함평의 나비 축제에게서 발견했기 때문이다. 나비축제는 크게 세 가지 마당으로 꾸려진다. 하나가 나비 관련 프로그램들이고, 다른 하나가 친환경 체험 프로그램들이며, 다른 하나가 주민과 함께 펼치는 전통문화 공연과 놀이들이다.

나비축제 전야에는 풍년기원제와 봉화제가 벌어진다. 잔치다. 주민의, 주민에 의한, 주민을 위한 잔치다. 그런데 축제 일정 중의 전통문화 행사들은 대부분 초청 공연이다. 이 부분을 되짚어보자는 제안이다. 나비축제는 백만 명 이상이 몰리는 세계적인 축제로 자리를 잡았다. 이 매머드 마당을 전통의 복권과 문화의 복원을 위한 메카로 만들 수만 있다면. 방문객들이 다만 며칠이라도, 다만 몇 시간이라도 우리 문화를 체험하고 배우는 프로그램을 맛볼 수만 있다면. 왕초보 엉터리일지라도 마음껏 꽹가리를 두들기고, 장고를 치고, 늴리리를 불어제낄 기회를 만들 수만 있다면. 판소리며 단가며 남도소리를 다만 한 소절씩이라도 마음 놓고 틀려가며 하늘 끝까지 외쳐볼 자리를 마련할 수만 있다면. 그 짧은 경험들이 쌓이고 쌓여서 나비축제의 세 축 가운데 한 축으로 발전해갈 수만 있다면. 그렇게 '되살려낸 것들의 리그'를 만들 수만 있다면.

함평에 그 가능성이 있다. 함평과 인근의 전라도는 전통 문화의 보고다. 최고령 장수마을이니만큼 전래의 대동놀이를 직접 놀아본 산증인들도 계시다. 가능하다면 주민과 관람객이 무언가를 가르치고 배우는 자리로의 확장이 가능할지도 모른다. 함평의 시도가 축제의 새로운 경향으로 자리잡는 날이 올지도 모른다. 함평의 새 경향이 점차 전국 축제마당으로 확산되는 날이 올지도 모른다. 그리하여 그 어느날 어쩌면 함평은 진정한 '축제의 탄생'을 기념하는 성대한 '나비 날리기' 이벤트를 준비해야 할지도 모른다.

나비의 미래, 지구촌 상상도시

꿈의 생태도시,
브라질 꾸리찌바(Curitiba)

웃음과 존경의 도시로 불리는 브라질의 함평

꾸리찌바시(市)는 '꿈의 생태도시'로 불린다. 아열대성 기후로, 여름 평균 기온은 20.4℃이고 겨울은 12.7℃. 아름답고 쾌적하며, 환경보전이 가장 잘 된 도시로 꼽힌다. 도시 내 공원녹지 비율이 세계 2위, 교통정책 만족도 세계 1위를 자랑하는 지상의 파라다이스다. 말 그대로 '꿈의 도시'다. 그리고 도시의 고질적 문제들을 해결하고 새로운 정책을 구상하는 방식들이 기상천외하고 재치발랄하다 하여 '꿈의 도시'이기도 하다.

꾸리찌바는 브라질 남부의 대서양 연안 빠라나주(州)의 주도이며, 사웅파울로시(市)로부터 남서쪽 400km쯤에 인접한 도시다. 주도는 우리나라로 치면 도청소재시에 해당한다. 크기도 전라남도 광주와 비슷하다. 남부 브라질에서 가장 많은 인구(인근 광역도시권 포함 350만)와 가장 큰 경제권을 가지고 있다. 그런데 이 매머드 도시가 환경이 청정하기로 세계 최고다. 도시 정비도 잘 되어 있고, 오염 문제도 남의 일이며, 대도시 특유의 슬럼 문제도 조용하다. 삶의 질과 만족도가 높아서 '웃음의 도시'로 불린다. 최근에는 '세계의 환경수도', '존경의 도시'라는 닉네임이 추가되었다.

꾸리찌바의 성장 과정을 들여다보면 재미있는 특징이 있다. 브라질에서는 최근 30년 사이에 인구가 도시로 집중되는 특징을 보인다. 꾸리찌바도 예외가 아니었다. 1970년의 꾸리찌바는 개발을 꿈꾸던 인구 61만의 중소도시에 불과했다. 저 도시가 '세계의 환경수도'로 성장하는 과정을 살펴보면, 묘하게도 이것저것 함평과 닮은 구석이 많다. 친환경 발전을 선택한 꾸리찌바와 함평, 우연이었을까. 일단 지도가 닮았다. 어찌 보면 심장 모양으로 보이는 역삼각형 구도인데, 꾸리찌바 쪽이 좀더 호리호리하달까. 두 곳 모두 시장·군수의 리더십 아래 도시가 변화를 모색하였다는 점, 그 리더들이 모두 3선에 성공했다는 점, 발전 과정에서 주민과 공무원의 일심단결이 볼 만하였더라는 점, 유쾌·상쾌·통쾌 재기발랄한 아이디어로 난국을 헤쳐가기를 즐겼더라는 점 등도 꼽을 수 있겠다.

세계 최고의 교통 시스템을 만들다

꾸리찌바는 시 전체가 아이디어 전시장 같다. 도시 전체가 온통 공원이고, 온통 조형물이고 장난감이고 기념비다. 물론 전시용 장식품이 아니다. 꾸리찌바를 세계에 알린 대표적인 정책은 아무래도 '지상의 지하철'이다. 꾸리찌바에서는 버스가 지하철이다. 교통난으로 대책을 강구할 때, 세계의 대도시들은 무심코 지하철을 건설했다. 지하철의 최대 장점은 신호등이 필요없다는 것이고, 최대 매력은 공사 과정에 엄청난 리베이트가 기다리고 있다는 점이다. 최대 단점은 국민의 세금을 땅을 파서 그냥 들이붓는다는 점이고. 꾸리찌바는 최대 장점과 최대 단점에만 주목했다. 지하철처럼 논스톱으로 달릴 수만 있다면 땅을 파지 않아도 될 것 아닌가. 꾸리찌바의 '지상의 지하철'은 그렇게 태어났다. 버스전용차선 위주로 재편성한 최근 서울의 교통시스템은 이를테면 꾸리찌바의 시스템을 무늬만 빌려온 것이다.

꾸리찌바의 교통시스템을 간략하게 설명하면 이렇다. 먼저 중심부에서 외곽으로 뻗은 다섯 갈래의 도로를 간선도로망으로 삼았다. 간선도로에는 전용차선을 설치하여 지하철의 돌파력을 부여하였다. 간선도로 주변 지역은 건폐율을 600%까지 허용하고, 도로에서 떨어진 지역에는 저층건물만을 허용함으로써, 사람들이 도로를 따라 밀집하도록 만들어 자가용의 수요 자체를 희석시켰다. 중심가는 거미줄처럼 동심원의 도로망을 통해 소통한다. 간선도로만을 전담하는 '지하철' 버스와 시내 동심원을 맴도는 시내버스, 그리고 모세혈관 같은 골목 안까지 승객을 나르는 우리나라의 마을버스 방식. 세 종류의 버스가 고집스럽게 제 갈 길만 다닌다. 대신 버스를 마음껏 갈아탈 수 있도록 환승터미널 시스템을 발전시켰다. 티켓은 환승터미널 입구에서 미리 체크를 함으로써 버스 입구에서 머뭇거리는 시간을 없앴다. 꾸리찌바 도심 사진에서 흔히 보이는 유리로 만든 원통형 조형물이 바로 버스 환승터미널이다. 터미널 주위에는 간단한 서류를 발급해주는 관청과 입·출금 등 긴급업무를 볼 수 있는 간이은행, 시중가격보다 30%쯤 저렴한 시 직영시장 등을 입지시켰다. 잠시 내려 간단히 업무를 보고 돌아갈 수 있다. 물론 편도 비용이다.

특히 서울의 버스가 끝내 해결하지 못하는 '비인기 노선'의 문제를 꾸리찌바는 이렇게 풀었다. 사실 버스 교통에 목매는 사람들은 자가용이 없는 달동네 사람들 아닌가. 손님이 있든 없든 꾸리찌바에서는 필요한 노선에 버스가 달린다. 운송비를 승객 수에 비례해서 받는 것이 아니라 운행 거리에 맞춰서 받기 때문에 비인기 노선이 있을 수가 없다. 지하철 건설비의 1/80~1/100 예산으로 '지상의 지하철'을 개발해, 지하철이 있는 도시보다 효율적인 교통망을 건설했으니, 세계 최고의 교통체계라는 칭송이 과연 명불허전이다. 게다가 정말로 놀라운 것은 이것들이 죄다 1970년대에 나온 아이디어였다는 사실이다.

　꾸리찌바가 도시 문제를 해결한 아이디어 몇 가지만 더 살펴보자. 슬럼화 가능성이 있는 곳은 미리 공원을 만든다. 홍수가 빈발하는 이과수강의 범람지는 상습적인 슬럼 예정지였다. 한번 범죄 조직이 자리를 잡으면 호미로 막을 것을 가래로 막아야 한다. 슬럼화 예상지를 사들여 물길을 잡고 공원을 조성하면, 머지 않아 공원 주변에는 고급 주택가가 들어서게 된다. 범죄조직은 발도 못 붙여본다. 띵구아공원은 폐기된 채탄장을 공원으로 되살린 곳으로 백조가 노니는 수상카페와 대형 인공폭포, 일출·일몰의 풍경 등은 그대로 한 폭의 그림이다. 바리귀·이과수공원 등 브라질 전체에서 알아주는 대형공원과 27개의 크고 작은 공원들이 이렇게 태어났다. 꾸리찌바의 시민 1인당 공원 면적은 노르웨이의 오슬로에 이어 세계 두 번째가 되었다.

　도심지에서 버스노선 이외의 도로는 가능하면 보행자전용도로로 만들었다. 차량 통행을 막는 수단은 꽃밭이었다. 보행자도로 위에 조그만 무더기의 꽃밭을 수도 없이 만들었다. 환영하는 시민이 반대하는 상인보다 10배는 많았으므로, 애초에 분쟁의 여지가 생기지 않았다. 상인들은 매상이 줄어들 것을 우려했던 것인데, 보행자전용도로 이후 매상이 크게 올랐으므로 싱거운 해피엔딩이 되었다. 시청은 토지에 관한 정보와 변동사항을 대대적으로 공개해버린다. 누군가가 토지 관련 정보를 독점하여 투기 이익이 발생할 소지를 원천봉쇄하기 위해서다.

재생과 재활용을 통한 활인(活人) 행정

꾸리찌바에서는 모든 것이 재활용된다. 포르투갈 식민지 시절의 탄약창이 빠이올연극관으로, 문 닫은 본드공장을 문화센터로 재활용한다. 채석장은 오페라하우스로 바뀌었다. 철재와 유리로 지어져 '정글 속에서 공연을 보는 듯한 느낌'이라 해서 유명해진 곳이다. 한 프로축구팀의 전용경기장은 폐전봇대와 폐목재 등을 재활용했다. 건축비는 기존의 1/3. 은퇴한 전차와 오래된 버스가 어린이 탁아소가 되고 이동식 교실이 된다. 이렇게 문화사업을 총괄하는 꾸리찌바시 문화재단도 곡물창고를 개조한 건물에 있다.

80년대 후반부터 추진된 몇 가지 폐기물 관리 프로그램들은 저소득자 재활 프로그램과 맞물려 진정한 리사이클이 무엇인지를 생각케 한다. 첫째 '녹색교환' 프로그램. 사람들이 손수레 · 카트 등에 철물 조각 · 페트병 · 폐지 등의 쓰레기를 싣고 트럭들이 서 있는 공터로 모여든다. 트럭에는 '쓰레기라도 쓰레기가 아니다'라는 문구가 씌어 있다. 시 직원은 쓰레기를 받고 쿠폰을 나누어준다. 다른 트럭에는 채소 · 과일 · 문구 · 생활용품 등이 실려 있어, 쿠폰을 받고 물건을 내준다. '녹색교환' 트럭들은 보름에 한 번씩 저소득층이 살고 있는 교외지역 55곳을 돈다. 어린이 · 학생이 주로 많은데 이것이 학용품 등을 구입할 수 있는 유력한 방법이기 때문이다. 이 프로그램은 △재활용 가능한 쓰레기를 수거하고 △저소득층의 소득을 보조하며 △재활용의 소중함을 어려서부터 배우게 하는 환경교육의 효과까지 겸하고 있다.

도로가 좁아서 트럭이 들어가지 못하는 슬럼가는 마을 입구에서 녹색교환을 해준다. 이 프로그램으로 인해 쓰레기를 청소함으로써 슬럼가에서 병에 걸리는 주민이 점점 줄어들었다. 생활용품 구입비와 재활용품 매출액의 차액은 시에서 부담하는데, 사실 청소비용 감소분이 훨씬 커서 오히려 시 재정에 보탬이 되고 있다고 한다. 이 프로그램은 1990년 유엔환경계획(UNEF)상을 수상했다. '올클린(All Clean)' 또는 '뚜도 림뽀(Tudo Limpo)' 같은 프로그램은 은퇴자 및 실업자들을 임시로 고용하여, 대형 행사 뒤처리나 철거지역 정리 등 불규칙하게 발생한 청소거리를 맡기기도 한다.

'시민 리어카' 라는 사업도 눈여겨볼 만하다. 우리나라로 치면 '넝마주이'인데, 개념이 조금 다르다. 수거한 폐지를 고물상에게 헐값에 넘기는 시스템에서는 넝마주이의 생활고가 개선되지 않는다. 꾸리찌바시는 1995년부터 폐지를 시에서 직접 구매하기로 했다. 정식 루트를 만들어주니 넝마주이가 조합을 결성하여 신분을 양성화하고, 시에서는 조합원들에게 오렌지색 조끼와 모자를 공급하고, 리어카에 등록번호도 달아준다. 조합원들은 안정적인 수입과 양성적인 직업을 동시에 갖게 되었다.

구두닦이에게 시 중심가에 전용부스를 만들어 비바람을 피할 수 있게 해준 프로그램도 있다. 동시에 시민들에게는 상설 구두청소방을 마련해준 셈이다. 불법 노점상들을 대하는 방법도 우리와는 하늘과 땅 차이다. 노점상 리어카는 저소득층의 생계수단인데, 먹고살 방도야 어찌 되었든 우리는 그걸 때려부순다. 꾸리찌바는 리어카를 부수지 않는다. 불법 노점상들에게 동업자조합을 설립하도록 장려하고, 특정 지역 공터를 할애하여 영업을 하게 해준다. 공영체육관이 경기가 없는 날들을 공영시장으로 개방하기도 한다. 어디까지나 살 길을 찾아주고 양성화를 도모하는 것이 꾸리찌바의 활인(活人)의 행정이다.

기적 혹은 돌연변이를 만들어낸 3선 시장

이렇게 가진 자와 못가진 자가 서로 공생하고 인간과 생태·환경·문화가 꽃처럼 어우러져 살아가는 아름다운 도시 꾸리찌바. 감동을 넘어 찬사가 쏟아진다. 〈타임〉은 "지구에서 환경적으로 가장 올바르게 사는 도시"라 칭송하고 〈유에스뉴스앤월드리포트〉는 "세계에서 가장 현명한 도시"라 우러르며 '로마클럽'은 〈성장의 한계〉라는 보고서에서 "희망의 도시"라는 닉네임을 바친다. 지구 풍경을 도시화로 바꾼 20~21세기, 꾸리찌바는 기적이거나 혹은 돌연변이다. 그리고 이 기적(혹은 돌연변이)의 뒤에는 3선 시장 자이메 레르네르가 있었다.

자이메 레르네르는 1971년부터 1992년까지 세 차례 시장을 연임한다. 꾸리찌바의 도시계획이나 환경정책은 대부분 레르네르 시장이 구상하고 결정한 것들이다. '꿈의 도시'를 향한 꾸리찌바의 도시계획은 1960년대에 처음 시작되었다. 1940년대에 꾸리찌바를 방사형으로 발전시키자는 '아가쉬계획'이 있었는데, 설계 착오와 예산 부족으로, 방사형으로 뻗어나가는 도로를 제외하고는 실현되지 못했다. 그 후유증으로 1950년대에 꾸리찌바는 인구증가·환경오염·교통체증·유적 훼손 등의 도시 위기에 직면하게 된다. 밀려든 이농민들의 무허가 판자촌이 난립하고, 하천의 범람도 빈번해졌다. '아가쉬계획'은 잘 짜여진 도시계획의 소중함을 가르쳐준 반면교사였다.

1960년대 초반 꾸리찌바시는 시내 중심을 지나가는 고가고속도로 건설을 계획하고 있었다. 자이메 레르네르는 당시 대학에서 건축학을 전공하는 학생이었다. 레르네르는 고가고속도로가 인근 주민들에게 불편을 줄 거라고 생각했다. 그래서 친구들과 모임을 만들어서 대안 프로그램을 논의했다. 그 논의 결과를 모아 사람에게 이로운 도시정책 제안서를 작성해서 당시 꾸리찌바 시장에게 제출했다. 레르네르 팀이 제안한 내용의 골자는 △인간 중심의 △살기 편한 도시를 △많은 비용 들이지 않고 만든다는 것이었다. 당시 꾸리찌바 시장은 합리적인 사람이었다. 시장은 레르네르의 제안이 현실성이 높다고 판단하고, 고가고속도로 건설 계획을 바로잡기로 동의했다.

자이메 레르네르의 스터디모임은 시의 공공 연구팀으로 채택되었다. 1964년에 '아가쉬계획'을 수정한 '예비도시계획'이 작성되었는데, 이것을 발전시켜 나중에 '꾸리찌바종합계획'을 만든다. 여기에 브라질 전역에서 공개 경쟁입찰을 통해 선정한 컨설팅회사 '세레떼'가 가세한다. 세레떼는 시청과 건축전문가를 포함한 컨소시엄을 구성하여 '세레떼계획('꾸리찌바종합계획'을 발전시킴)'을 확정하고, 1965년 이 계획을 집행할 주체로서 레르네르의 연구팀을 주축으로 '도시계획연구소(IPPUC)'를 창립한다. 이후 '도시계획연구소'는 꾸리찌바의 브레인이자 심장이 된다. 오늘날까지도 꾸리찌바의 모든 도시계획과 혁신은 '도시계획연구소'의 연구와 검토를 거쳐 실행된다.

도시계획의 성공으로 인정을 받은 꾸리찌바 시장은 빠라나 주지사로 승진하여, 1971년 자이메 레르네르를 시장으로 임명한다. 레르네르가 33살 되던 해였다. 자이메 레르네르는 이후 1992년까지 세 차례 시장을 연임하고, 1994년에 빠라나 주지사에 당선되어, 꾸리찌바를 대상으로 펼쳐왔던 '꿈의 계획'을 빠라나주 전체로 확대하는 계획에 착수했다. 실험은 또 성공이었다. 빠라나주의 주민들은 1998년 선거에서 다시 자이메 주지사를 선택했다. 꾸리찌바는 도시계획연구소 출신의 후임 카시오 타니구치가 새 시장이 되었다. 고가고속도로의 폭력성을 꿰뚫어보았던 한 건축학도의 꿈이 '세계의 환경수도'가 되어 감동의 물결을 일으키고 있다.

영국의 함평,
콘웰의 '에덴 프로젝트(Eden Project)'

실험하지 않은 실험실

영국 남서부 지역에 콘웰이라는 도시가 있다. 지도를 놓고 비교해보면, 영국 지도에서 전라남도 함평쯤에 해당하는 위치다. 각각 서울과 런던에서 걸리는 시간도 비슷하고, 따뜻한 기후도 비슷하다. 거기서 1시간쯤 벗어난 곳, 움푹 꺼져들어간 넓은 대지에 거대한 여덟 개의 에어돔이 거미알처럼 꼬물꼬물 붙어 있는 묘한 지형이 자리를 잡고 있다. 그렇게 커다란 바이오돔을 지어두고 '인간과 자연의 공존에 대한 실험장'이라며 사람들을 부른다. 무엇을 실험한다는 말일까.

'에덴 프로젝트(Eden Project)', 식물과 곤충, 환경을 주제로 한 생태 테마파크다. 널찍한 대지 한쪽 구석에 자리한 바이오돔을 축으로, 주제별 정원, 조각 작품들, 의미를 알 수 없는 무수한 깃발들이 각기 나름의 영토를 지키고 서서 의미를 알 수 없는 언어를 복화술로 전하는 듯하다. 에덴 프로젝트는 야릇한 곳이다. 식물·곤충·환경·예술 등을 주제로 한 테마파크인데, 스스로는 굳이 테마파크가 아니라고 강변한다. 인간과 자연의 공존에 대한 실험장이라면서, 그래놓고는 다시 '아직 확실한 실험 결과는 아무것도 없다'고 꼬리를 뺀다. 그러면서 넌지시 권한다. 오라고. 와서 함께 느끼자고. 함께 머리를 맞대보자고. 정작 찾아가보면 머리를 맞댈 누군가는 없다. 대신 방문객 스스로 체험할 많은 장치를 남겨놓았다.

에덴 프로젝트에는 눈에 띄는 실험장치가 없다. 식물의 생육에 관한 실험도, 식물에서 추출한 성분을 분석하는 생물학적인 실험도, 식물을 활용하는 산업적인 실험도 존재하지 않는다. 그저 열대 식물이 자라는 대형 바이오돔과 온대식물이 자라는 중형 바이오돔이 있는데, 그 안의 식물들은 실험되지 않는다. 다른 곳에서 자라듯이 자연스럽게 존재하는 것이다. 이쯤되면 머리가 갸우뚱해지면서 고약한 공격형 의문이 고개를 들기 십상이다. 그러나 그 지점에서 성급해지면 안 된다. 그렇게 삐딱한 시선으로 바이오돔을 흘겨보게 되면, 에덴 프로젝트의 속내는 읽히지 않는다. 겉돌게 된다.

에덴 프로젝트의 제안은 다른 데 있다. 사람이 자연 속에서 느끼는 감각에 대한 실험, 문화적 경험에 대한 실험이다. 특히 에덴 프로젝트는 어린이에게 코드를 맞추고 있다. 자연 속의 놀이, 자연 속의 느낌, 놀이와 문화의 경험을 통한 교육 등이 그것이다. 그런 느낌들이 성장하여 어떤 감수성으로 인간에게 다시 영향을 주게 되는지에 대한 실험이므로, 당연히 아직은 확실한 실험 결과가 아무것도 없노라고 말할 수밖에 없는 것이다.

동심과의 교감을 통해 지속가능한 삶을 모색한다

에덴 프로젝트는 입지 지형부터 엉뚱하다. 거인 아틀라스가 삽으로 웅덩이를 파놓은 듯 푹 꺼진 골짜기다. 주차장에 인접한 방문객센터를 지나치면 곧바로 시야가 확 트이면서 뷰포인트로 길이 열려 있다. 거기서 에덴 프로젝트 전경을 조망하고 나서 꽃밭 사이로 한참을 걸어 내려가면 교육센터와 무대가 방문객을 맞이한다. 교육센터는 아이들의 천국이다. 천연 염료를 가지고 그림을 그리거나 염색을 하기도 하고, 종이찰흙을 만지작거리거나 도자기를 빚을 수도 있다. 마음껏 자연을 느끼는 놀이마당이다.

　교육센터에서 열대 바이오돔으로 이어지는 길에는 여러 예술가들의 작품이 도열해 있다. 거개가 생태주의 작품들이다. 꽃, 나무와 어우러진 작품들은 인간의 감성을 상대로 어떤 실험을 하고 있는 것일까. 바이오돔의 열대 식물 사이사이에도 아프리카 민속풍의 그림이며 조각이 자리잡고 있다. 온대 바이오돔에는 영국의 정원에서 흔히 볼 수 있는 화초들이 만발하다. 꽃밭 사이로 나무로 만든 코믹한 동물들의 모습이 보이기도 하고, 퍼포먼스를 하고 있는 벌거벗은 인간 군상의 조각들이 묘한 뉘앙스를 풍기기도 한다. 저 형상들은 또 어떤 감수성을 실험하고 있는 것일까. 불가해! 아직은 아무것도 알 수 없다.

　바이오돔 자체도 하나의 실험이다. 비닐처럼 보이는 바이오돔의 껍질들은 세 겹의 특수 플라스틱을 겹쳐 만든 것으로, 겹쳐진 공간 사이에 공기가 들어 있어 무게감이 거의 없을 정도다. 그래서 플라스틱 비닐들을 고정한 프레임의 무게에도 불구하고, 바이오돔 전체 구조물의 무게가 바이오돔 안의 공기 무게보다도 가벼워서, 바이오돔의 역학은 무게를 지탱하는 압축력이 아니라 바이오돔이 날아가지 못하도록 붙드는 인장력을 중심으로 설계되어 있다고 한다. 바이오돔의 천장 부위에는 전기로 작동하는 창을 설치해, 돔 안의 온도를 조절한다.

　에덴 프로젝트의 특이한 지형은, 이곳이 본래 도공들이 도자기를 빚기 위해 사용하던 점토 생산지였던 까닭에 생겨난 것이다. 오랜 세월 점토를 파내는 동안 60m 깊이의 골짜기가 생겨났는데, 골짜기 바닥에는 점토 찌꺼기가 두텁게 깔려 있어서 식물이 자랄 수 있는 토양이 전혀 없었다. 대신 이 일대에는 수량이 풍부했다. 이런 지리적 특징을 살려 지역 활성화 프로젝트로 기획한 것이 바로 에덴 프로젝트였다. 식물이 살 수 있는 땅을 만들기 위해 프로젝트팀은 180만 톤의 흙으로 골짜기 안을 골고루 덮었고, 4,300만 갤런의 물을 바이오돔 윗부분으로 끌어올려 폭포처럼 흘러내리게 하는 시스템을 건설했다.

에덴 프로젝트의 의미는 미래에 있다. 지구는 한정된 자원이므로, 이 한정된 지구를 어떻게 살려나갈 것인가에 대한 4차원의 담론을 담고 있다. 에덴 프로젝트가 제안하는 대안은 어린이다. 어린이와의 교감. '지속 가능한 재개발'을 추구하는 고심의 흔적이 역력하다.

대안에너지를 실천하는 생태마을, 영국 웨일즈의 '대체기술센터'
(CAT : Centre for Alternative Technology)

히피 운동가로부터 시작된 대체 기술 공동체

'행동하는 지식인'으로 알려진 석학 노암 촘스키는 2004년 7월 「석유 고갈 이론(Peak Oil Theory)」이라는 제목의 글에서 지구의 석유 위기를 지적하고, '지속 가능한 경제'를 모색할 것을 갈파했다. 이후로 최근까지 전문가들 사이에 석유 위기 논쟁이 뜨겁다. 매장량 잔고가 15년이면 바닥날 거라는 극단적인 추측도 나온다. 어차피 석유·석탄 같은 화석에너지의 고갈은 시간문제다. 대안은 태양에너지·풍력(風力)·조력(潮力) 같은 자연에너지들이다. 여기 그 대안을 실제 생활 속에서 실천하고 사는 사람들이 있다. 영국 웨일즈 지방의 '대체기술센터 공동체(CAT : Centre for Alternative Technology)'가 그곳이다. 대체 에너지의 생활화는 정말 가능한가. 그들은 몸으로 말한다. "물론!"

공동체의 시작은 한 히피 환경운동가의 은둔에서 출발한다. 친환경 생활 공동체. 1960년대 '자연으로 돌아가자'는 히피 운동에 감화를 받은 청년 제럴드 모건 그렌빌(Gerald Morgan-Grenville)은 1974년 전재산을 털어 웨일즈의 매헌세스(Machynlleth : 웨일즈어는 영어와 많이 다르다. 영어로는 매킨레스로 읽고, 현지에서는 매킨클레스와 매힌스레스 중간쯤의 발음으로 읽는다. 여기서는 외래어 표기법에 따른다) 지방에 공동체를 연다. 당시 영국과 미국에서는 비슷한 공동체가 여러 곳 생겨났지만, 제럴드는 실천이 이상에 미치지 못하는 여느 절충형 공동체와 결별하고, 화석에너지와 공해성 공산품을 완전 배제한 순수 '대체기술(Alternative Technology) 공동체'를 지향하기로 한다. 맨몸으로 땅을 개간하고, 집을 올리고, 농사를 지으며, 천연 연료와 천연 비료 등 친환경 대체기술을 몸으로 실험했다. 그렇게 30년이 흘렀다.

자연력을 극대화한 에너지 시스템

이 은둔의 땅은 멀고도 깊은 골짜기의 품 안에 있었다. 웨일즈 지방은 우리나라로 보면 변산반도쯤 되는 곳, 잉글랜드 지형이 완만하고 부드러운 언덕으로 이루어져 있다면, 웨일즈는 변산반도처럼 산과 바위와 계곡이 길을 이리저리 돌려세우며 변화를 부리는 지형으로 이루어져 있다. 변산에 가려면 드넓은 김제평야와 정주·태인의 구릉지를 지나야 하는데, 웨일즈로 들어가는 분위기가 희한하게 닮았다. 잉글랜드 특유의 평지와 완만한 언덕들을 지나다 보면, 시나브로 산세의 능선과 계곡의 깊이가 뚝뚝 벌어지는 웨일즈 지방이 나타난다. 그렇게 오르락내리락과 좌회전·우회전을 사정없이 반복하며 산길을 에둘러 돌아 좁은 도로를 2시간 여 달리면, CAT를 안내하는 표지판이 보인다. 그로부터 다시 20여 분. 오른편으로 맑은 계곡을 끼고 아름드리 낙엽송이 울창한 벼랑길을 한참 돌아가면 양 옆으로 들판을 거느린 준엄한 산이 나타나 앞길을 가로막는다. 길이 끝나는 곳에 주차장이 있고, 그 주차장 끝에 방문객을 반기는 작은 오두막이 하나 있다. 그리고는 이렇다 할 인공시설이 보이지 않는다. 한쪽은 들판이고, 들판 끝은 산이다. 도대체 대체기술센터는 어디 있는 거지?

의아해할 즈음 방문객 센터 끝으로 난 데크를 따라가면, 숲에 가

려진 두 쌍의 레일이 보이고, 그 바로 위로 고개를 꺾어야 올려다
볼 수 있을 정도로 험준한 경사 저편에 세로 모서리를 벼랑 끝에
뾰족이 내민 목조건물의 아랫도리가 눈에 들어온다. 데크 끝에는
'벼랑열차'(Cliff Railway)가 기다리고 있다. 60m 높이의 가파른 경
사를 오르는, 이를테면 기울어진 엘리베이터다. 그 기울어진 레일
위로 열차가 내려온다. 한 량짜리 벼랑열차를 타고 경사를 오르면,
방문객들은 난데없는 물벼락 소리로 환영인사를 받는다. 물소리를
뒤로 하고 산 중턱, 벼랑 끝에 지어진 통나무집 역사를 벗어나면
꽤 널찍한 호수가 펼쳐진다. 방문객들은 그제서야 아하, 하고 고개
를 끄덕거린다. 비로소 벼랑열차의 비밀을 이해한 것이다.

열차의 동력이 바로 물이었다. 두 열차는 서로 맞교대하면서 상
대방의 동력이 되어주는 것이었다. 위 열차에 물을 가득 채우고,
아래 열차의 물을 빼면 어른 17명을 끌어올릴 수 있는 힘을 얻는
방식이었다. 마침 산 중턱의 '미니 고원'은 수량이 풍부한 지역이
었다. 그 동력을 얻기 위해 공동체 멤버들은 직접 삽을 들어 역사
입구까지 호수를 판 것이었다. 호수의 물은 고여 있다가 임무를 완
수하고 나서 아래 계곡의 물과 합류한다.

은둔을 벗어나 환경생태의 세계적 명소로 거듭나다

호숫가를 따라 이어진 오솔길을 따라 걷다보면 곧 작은 집과 공
중전화 부스가 기다리고 있다. 대체기술센터의 메커니즘을 말해주
는, 일종의 맛보기 샘플이다. 공중전화 부스 지붕에는 태양열 집열
판이 부착되어 있고, 그 위로 치솟은 기둥 끝에 바람개비가 달려
있다. 이 태양열과 미니 풍력발전으로 공중전화기에 필요한 전기
를 얻는다. 작은 집은 대체기술센터의 건축 양식과 보온 방식을 설

명하기 위해 지어진 모델하우스다. 기둥과 벽은 대체기술센터에서 자체 공급하는 목재로 지어졌고, 30cm 두께의 벽은 인근 농가에서 쉽게 구할 수 있는 양털로 가득 채워져 있다.

위의 벼랑열차 예에서 보듯이 대체기술센터의 전력은 대부분 수력을 이용해 생산되고, 부족한 부분은 풍력으로 보충한다. 태양열 발전은 감광성이 강한 PV(Photovoltaic) 집열판으로 열을 모아 전기로 변환하는데, 구름이 많은 영국의 기후를 감안하여 2~3분마다 태양의 위치를 스스로 감지하고 판넬의 각도를 자동 조절, 발전 효율을 극대화하도록 설계되어 있다. 풍력발전은 50w 용량의 소형 포터블 사이즈부터 15kw급 대형 발전기까지 여러 형태의 장비를 갖추고 있다. 7톤 중량의 대형 발전기 한 대면 대체기술센터가 속한 인근 듀라스밸리 일대 전체에 공급할 전기를 생산할 수 있다고 한다.

이렇게 생산된 선기는 중앙 제어실로 모았다가 배분헤 시용한다. 남는 전기는 송전 장치를 통해 전력회사에 판매하고 있다. 겨울철이나 악천후로 인한 비상시에 대비해 비상용 디젤 발전기를 병행 운용하는데, 공동체의 1년치 전기요금 1인당 1.8파운드(약 3,500원)와 영국인의 평균 요금 240파운드(약 48만 원)를 비교해보면 그 효율을 금방 실감할 수 있다.

생활하수와 배설물도 허투루 버리지 않는다. 액체는 공용 하수처리장으로 모아져, 갈대/부레옥잠 같은 정화식물을 통해 정화한 뒤 농작/원예용수로 사용한다. 고형물은 발효 처리 후 과수 · 정원수 등의 거름으로 활용한다. 소비하고 남은 작물과 계란, 고기류들은 공동체 안에 있는 레스토랑을 통해 방문객에게 저렴하게 공급된다.

대체기술센터는 공동체가 문을 열 때부터 공동생산·공동소비를 원칙으로 지켜오고 있다. 은둔으로 시작한 공동체가 어느덧 환경 생태 실천의 세계적인 명소로 이름이 알려져 지금은 건축가·조경 원예가·교육자·생물학자·디자이너 등 전문가 그룹과 장단기 자원봉사자들이 적극 합류하고 있다고 한다. 관광객은 물론, 대체 기술의 지혜를 배우려는 연수단의 발길도 끊이지 않는다. 몇 년씩 생활하며 대체기술센터의 이념과 노하우를 배우다 가는 장기 투숙 객들도 적지 않다.

호수를 둘러싼 각종 코너를 따라 돌다보면 곳곳에서 웃음소리를 터뜨리며 각자의 일에 열중하고 있는 공동체 멤버들을 보게 된다. 부스스한 머릿결, 흐트러진 옷차림, 흙투성이의 맨살 모습이 아름 답다. 노동하는 풍경보다 아름다운 것은 없다고 어느 시인은 말했 다. 방문을 마치고 아쉬운 마음을 달래며 벼랑열차를 향해 가던 방 문객들은, 통나무집 입구에 놓인 모금함 앞에서 무심코 주머니를 뒤지며 잠시 걸음을 늦추고 호수 저편의 공동체 풍경을 한 번 더 돌아보는 자신을 발견하게 될 것이다.

세상을 바꾼 도서관, 페컴 라이브러리
(Peckham Library & Media Centre)

아파트를 허물고 대수술에 나서다

한국에서 고층 아파트가 누리는 열광에 가까운 인기의 실상을 말해주면, 영국인들은 예외없이 눈을 동그랗게 뜨고는 어깨를 으쓱, 도무지 알 수 없다는 표정을 짓는다. 밥 먹는 것보다 정원 가꾸기를 더 좋아한다는 영국인들이 땅 한 평 딛지 못하고, 정원 가꾸기와는 애당초 거리가 먼 삶을 이해할 리 만무하다. 영국에서 아파트는 찬밥이다. 아니 찬밥 정도가 아니라 거의 '천민 계급' 취급이다. 아파트라는 형식의 거주 공간 대부분이 서민이나 빈민용 임대 주택 용도로 쓰인다.

런던 남부의 서덕(Southwark)구, 페컴 지역은 15년 전만 해도 거대한 고층 아파트 단지가 있던 곳이다. 서민용 임대 아파트로 지어진 건물이 점차 낡아가면서 주민도 차츰 빈민층으로 바뀌더니, 마침내 수습 불능의 할렘가가 되고 말았다. 날이 갈수록 범죄율이 치솟고 급기야는 치안 유지가 불가능해지면서 런던시는 일대 용단을 내렸다. 페컴 지역을 '주요 도시 재생사업' 대상으로 지정하기로. 쉽게 말해서 일종의 대수술이다.

거대 아파트 단지를 허물고 새로운 도시 광장을 조성하는 프로그램이 준비되었다. 1988년 영국 최초의 건강생활센터(Healthy Living Centre)인 페컴 펄스(Peckham Pulse)가 소외 계층을 위해 개관되었고, 1995년에는 페컴 아치(Peckham Arch)가 만들어졌다. 명동 입구의 랜드마크 비슷한 구조물이라고 보면 이해가 쉽다. 그리고 도시 재생사업의 마지막 프로그램으로서 '페컴 도서관 겸 미디어센터 (Peckham Library & Media Centre)'가 2000년 3월 문을 열었다.

'페컴 도서관 겸 미디어센터(Peckham Library & Media Centre)'를 설계한 건축가 윌리엄(William Alsop)은 자신의 지론인 '즐겁고 유쾌한 건축'이 특히 이 도서관 자리에 적합하다는 확신을 가졌다. 마을에서 지하철역으로 이어지는 도심의 공간 활용을 위해 건물 아래쪽을 'ㄱ'자로 시원하게 파내고, 캔틸레버 구조로 내민 건물 상단을 언밸런스한 원형의 철골 기둥으로 삐쭉삐쭉 장난스럽게 떠받쳤다. 그리고는 건물 옥상 위로 짓궂게 베레모를 씌워버렸다. 수직의 건물 뒷벽은 전체를 색색의 색유리로 마감, 밤이면 총천연색 스크린이 펼쳐지게 하였다.

건물의 1층에는 지역사회에 대한 정보와 조언을 제공하는 원스톱센터가 있고, 2층과 3층은 첨단 IT시설, 멀티미디어센터와 컴퓨터 교육시설, 직원용 공간과 관리시설 등으로 쓰인다. 캔틸레버 구조로 넓게 조성된 4층과 5층이 도서관인데, 윌리엄의 장난기는 이곳에서 진면목을 드러낸다. 마치 스머프 마을의 건물을 수천 배 확대한 듯한 버섯 형상의 조형물 세 동이 4층 내부에 기둥을 버틴 채서 있다. 버섯 아래 평지가 4층, 버섯 갓머리의 안쪽이 5층 공간에 해당한다.

자율 공동체가 만들어낸 희망의 싹

좋은 건축은 좋은 문화를 낳는 법이다. 건축에 담긴 이야기가 사람의 마음에 호기심과 여유를 만들어주고, 재미로 이끌어주며, 행동과 사유의 변화를 유도하게 된다. 페컴 도서관이 그랬다. 도서관이 문을 열 때까지만 해도, 이 지역의 문화는 이렇다 할 변화가 없었다. 단지 슬럼화한 '다크나이트'형 아파트 단지가 흔적도 없이 사라짐으로써 페컴 거리가 말끔해졌다는 공간적 의미 말고는.

그 자리에 페컴 도서관이 자리를 잡으면서 이야기가 달라졌다. 도서관 앞, 'ㄱ'자로 도려낸 현관 앞의 넓은 터가 주민의 공원이 되었고, 자전거며 인라인 스케이트를 즐기는 놀이공간이 되었고, 산책로가 되었다. 할렘가 청소년의 거친 불량기와 부딪칠까 두려워서 사람들이 잰걸음으로 통과하던 뒷골목길이 이제는 반대로 사람들이 모여드는 광장이 되었다. 그렇게 모여든 사람들이 문득문득, 장난기 가득한 건물에 대해 궁금해 하게 되었고, 갸웃거리게 되었고, 조금씩 가까이 다가서게 되었다. 호기심이 사람들을 건물 내부로 끌어들였고, 버섯 형태의 유머러스한 내부 디자인이 다시 한 번 사람들을 짓궂게 놀리는 듯하였다. 건물 이야기가 입에서 입으로 전해지면서 더 많은 사람들이 모여들었다.

페컴 도서관은 도서 대출 이외에, 주민의 그룹 활동 프로그램을 적극 운용했다. 유아와 영아, 10대, 성인, 노인 등 연령대별 학습 프로그램을 마련했고, 독서 그룹, 공예 및 예술 그룹, 컴퓨터 학습 그룹, 댄스 및 스포츠 그룹 등의 문화센터 활동을 장려했다. 시시 때때로 콘테스트와 시상 등의 이벤트도 마련했다. 필요한 시설과 기기는 정부의 재생기금이 도움을 주었다. 각 분야의 전문가들도 자발적으로 나서서 기꺼이 강의를 맡았다. 이 모든 활동이 전부 공짜였다.

거기서 끝이 아니었다. 단순히 그룹을 짜고 분위기를 고무해주는 것이 전부가 아니었다. 일례로 독서 그룹의 경우를 살펴보면 이렇다. 처음에는 일부 도서의 구입을 그들의 손에 직접 맡겨보았다.

차츰 대출 관리 및 열람실 운영 등도 자율에 맡겨보았다. 사람은 스스로를 사랑하고 존중하도록 프로그램된 존재였다. 멤버들끼리 협의를 시작했다. 스스로 필요한 책에 대해 논의하고 예산을 짜서 청구하는 단계에 이르렀다. CD와 DVD, 비디오 테이프 등의 수요도 생겨났다. 그렇게 해서 얻어진 성과가 있다. 주민의 상당수가 흑인과 히스패닉이었으므로, 자연스럽게 자신들의 정서적·문화적 고향인 아프리카와 카리브 문화에 대한 궁금증이 많았을 것이다. 그 결과 페컴 도서관은 영국에서 아프리카와 카리브에 관한 자료를 가장 많이 보유한 도서관이 되었다.

도난이며 소란 등의 문제도 그룹 내부에서 자연스럽게 정리되었다. 그들 스스로 무엇이, 왜 소중한지 느끼게 되었던 것이다. 소중한 것을 느끼는 힘, 소중한 것을 지키고 키우려는 바람, 그것이 바로 희망 아니던가. 정부조차 포기할 뻔한 할렘가에 느꺼운 희망의 싹이 자라고 있었다.

생태도시들 세계의 연대가 필요하다

페컴 도서관의 소식이 알려지기 시작하면서, 런던의 다른 도서관들과 교환 프로그램이 열리게 되었다. 도서 및 영상 자료의 교환, 예술 및 문화 프로그램의 교환, 운영자 및 교사의 교환 등이 활발해졌다. 차이니스 타운과의 문화 교류 등도 시작되었다. BBC 방송국에서는 토요일마다 각 분야의 숨은 천재를 발굴하는 오디션을 열어주었다. BBC의 아이디어는 영화사, 음반회사, 문화연구재단 등의 참여로 이어졌다. 누가 알 것인가. 이제 제2의 스필버그와 제2의 마돈나가 페컴에서 혜성처럼 등장하리라는 것을. 페컴의 변화가 알려지게 되면서, 타지역의 방문객과 관광객도 생겨났다. 페컴 도서관을 찾는 사람들은 매년 50만 명 정도. 페컴 도서관은 왕립건축학회가 수여하는 2000년 최고 권위의 스털링상(Stirling Prize) '올해의 건물상'과 BCIA(The British Construction Industry Awards)가 수여한 '사회공헌 특별상' 등을 수상했다.

　2008 함평나비·곤충엑스포 때 함평군이 계획한 향후 프로그램 가운데 하나가 바로 나비도서관이었다. 화양근린공원 북쪽 언덕 끝에 신축한 건물이 바로, 나비·곤충에 대한 연구·자료에 특화할 도서관 건물이었다. 함평군의 도서관 담당자에 따르면, 함평 나비도서관을 맡을 운영자 및 사서들을 물밑에서 물색 중이라고 한다. 어쩌면 멀지 않은 미래에 함평 나비도서관에서 영국의 페컴 도서관에 아프리카와 카라브해의 나비에 관한 도서목록을 팩스로 전송해줘야 할 일이 생길지 모르겠다. 그때에 대비해서 페컴 도서관의 팩스 번호를 미리 알려드린다.

　Peckham Library & Media Centre

　Fax : 020-7525-0202.

에버랜드보다 높이 난 시골축제의 기적

함평 나비혁명

초판 1쇄 발행 2009년 1월 5일

지 은 이 이재광 · 송준

펴 낸 이 최용범
펴 낸 곳 페이퍼로드
출판등록 제10-2427호(2002년 8월 7일)
         서울시 마포구 연남동 563-10번지 2층

이 메 일 paperroad@hanmir.com
Tel (02)326-0328, 6387-2341 | Fax (02)335-0334

I S B N   978-89-92920-23-0 03320